上海 LOCAL 美食精华

舌尖上的海

@指间沙 著
@黄天然 摄影

世纪出版集团 上海人民出版社

序 吃货本色 /1

雅与欲 **蟹传奇** /3

无鸡不欢的时代 **白斩鸡** /9

双份团圆 **八宝鸭与八宝** /15

第一热面孔 **水晶虾仁** /21

先把小日子过起来 **肠血油豆腐线粉汤** /28

艰难辰光里的情调 **上海西餐** /36

在我最美好的时候 **性感小笼包** /46

情同初恋 **生煎底细** /54

我就是我 **锅贴之辨** /62

生活的本来面目 **鲜奶小方** /69

火热的队伍 **鲜肉月饼** /74

落地珠散玉碎 **蟹壳黄** /81

一觉香甜梦 **不只是青团** /87

大牌存在的理由 **蝴蝶酥** /94

小身材大味道 **油爆虾** /102

块肉余生 **红烧肉与小排** /110

咖啡馆底色 **炸猪排倒计时** /118

桃花流水 **绉纱馄饨** /126

水磨工夫 **大汤团与小圆子** /135

圈圈尖尖 **大肠面** /143

饭饭之交 **粢饭和粢饭糕** /151

上海滩 **司忌与白脱小球** /158

附录 路过觅个食 /167

吃货本色

序

上海并不是随便拐进家馆子就能吃得满意的，但上海人真的很爱吃，稍微美味一点，店门口就排起一条长龙来。这是一座吃货拥挤的城市。

什么是吃货？想起胃弱的夏目漱石，偏偏最爱伤胃的汤年糕和白酒。自己吃不了，就在小说里让主人公连吃四碗天妇罗面。或许只有这种天赋不足的天才吃货，才能将羊羹、幼蕨等描述得如此细腻美妙吧。

所有吃货最值得赞扬的品质之一是：不虚荣。抓紧时机享受面前一盘热气冲鼻的炸猪排，不论用叉子还是筷子。他们特别实事求是，蹩脚的食物是场无法掩饰的灾难，一定要骂出来。吃货还很勤快，为了享受早市的一碗肠血油豆腐线粉汤，挣扎着早起半小时，绕个弯儿拉开老板娘的店门，并且在痛快酣畅之后忍受上班迟到的忐忑。

相比之下，吃货如此捧场，做的人反倒没什么进取心。大城市里做得地道的市井小铺，老一辈做不动就关了，小一辈做得累就停了，原先食客往来的逼仄屋子里不见烟雾萦绕，只有麻将牌哗哗响。

我们熟悉的上海味道，原来在很多人的第一眼里并不那么理所应当。某次我在吃现烘出炉的鲜肉月饼，刚咬下去第一口，就听身边一大妈大惊小怪道："这个馒头怎么焦掉了？"雷得我比这块鲜肉月饼还外焦里嫩。食物是用来了解这个世界的一种方法，爱上"焦掉的馒头"就是跨过一座桥。

"沪上著名吃货"项斯微初到上海被吓了一大跳，"传说中爱用小碟小盘装菜的上海人在肉上仿佛特别豪放。食堂里肉圆是硕大的一个，我闻所未闻的'大排'以整块的面貌出现，是彻彻底底的大荤。"爱吃的人都有点幽默感，对生活充满兴趣，敏感而富鉴赏力。

这本书献给上海吃货们，虽然是本小书，却认认真真做了几年，随时随地扛相机扫街，清明奔赴王家沙拍青团，中秋爬电线杆拍鲜肉月饼长队……我发现，和香港或台湾小老板的自豪感与镜头感截然不同，上海店主大多谨慎、低调、抗拒，我们可是见识过某白斩鸡店挥舞的菜刀的！真亲切啊！

这本书采访了我身边爱吃的朋友。他们一大半是八〇后，另一小半是七〇后，都有二三十年吃货生涯，尚未老去的人生终于有些资本怀旧。前段时间传言泰康牌黄标辣酱油要停产，一群年轻人比老一辈更跳脚。还好停产只是暂时，它终究没有离开，如同这本书里的上海美食，足够经典，但仍可寻得见、吃得到。

这多少年来，上海总被冠以"老"字，刻意地被怀旧。其实上海味道不仅是往日情怀里的缥缈虚空。我们这代吃货的美食体验，还不像上代人"惆怅旧欢如梦，别来无处追寻"，想吃就抓紧去吃吧！

希望这本书里的食物馋到你们，祝胃口健旺！

No.1 雅与欲

蟹传奇

No.1 雅与欲
蟹传奇

会不会吃蟹，是中国名士骚客一件极重要的评判标准。用现在的话来说，是小资情调的必要条件。而且得自己掰着香甜，《红楼梦》里姑娘夫人们其他事有人相帮，吃蟹时仍要取菊花叶儿、桂花蕊熏的绿豆面子洗手，亲自掰。过去但凡有点品位、有点腔调的都拿会吃蟹作为风雅的标志。例如明星胡蝶，一气能吃七八个，只蘸醋，吃相优美，从容不迫，很有仕女之风。

小学时，语文老师教导我们，要摘抄好词好句，以利于作文水平的提高。于是，我在硬面本上工工整整抄过这样一段："女人吃蟹的美态，从容地用小锤子轻敲，用小锥子剔出蟹肉蟹黄，黄的蟹膏白的蟹肉落入她的小嘴好似桃花入涧水，轻盈优美不落痕迹，吃得高兴，她的眼微微眯起，脸上一片粉红。"

"桃花入涧水"，多美呀，可惜，我没长成这般风雅又利索的人。林黛玉虽然螃蟹诗做得好，本人却是吃一口"蟹夹子肉"便觉得心口微微疼，须得热热地吃口烧酒。我吃螃蟹从没心口疼过，可是小时候吃得最多的是壳软肉丰的梭子蟹，间有酱爆毛蟹炒年糕。家人总觉得我身子虚，堪比林黛玉，连蟹糊都要大惊小怪地叫："这个要等你长大后才好吃的！"让我看他们把青青红红的半凝固状物用筷子挑入嘴里，仿佛黑暗料理组织的秘密盛宴。

所以，日后，我被认为能吃蟹时，对付一只蟹的速度却极慢，手法笨拙。我爸我妈在嘲笑我之余，有滋有味地剥蟹脚，将一条又一条雪白的蟹腿肉蘸上姜醋，塞进我嘴里。肉质紧致细嫩，满口鲜甜，真是好味道！在大家等待蒸螃蟹时，家里还会先上一大锅螃蟹泥鳅豆腐汤，泼朱洒金，鲜美无比。

自小便知道，好味道是要克制自我欲望的。

蟹是至味，连素食的丰子恺都爱。雅士们吃蟹有两点讲究：一是讲究原味，上好的螃蟹拿来清蒸，只蘸姜醋，也不搭配其他菜肴怕混了滋味。二是吃得干净，细吹细打一点蟹肉都不能浪费，蟹脚尖的肉也得剔干净，吃完后蟹壳还能拼成完整一只。

李渔《闲情偶寄》中说："蟹之鲜而肥，甘而腻，白似玉而黄似金，已造色香味三者之至极，更无一物可以上之。"蟹极雅，极鲜，极贵，也就凝聚了世俗强烈的欲望。

上海菜卖不出天价，只有添入蟹粉，才能趾高气扬。蟹粉大多拆自雌蟹，包括大闸蟹的蟹黄蟹膏与蟹肉，拆蟹粉是纯人工的技术活儿。酒店在蟹季时买来大批蒸熟后，由一群老阿姨们默默地熟练地从早拆到晚，存放入冰箱供整年使用。老阿姨们戴着手套，蟹粉染黄了她们的手和袖管。拆蟹粉的蟹当然也得是活的，个头越大的拆出来价值越高。

李嘉诚们来上海吃蟹，据说只吃一味'蟹膏银皮"，一次点6份。蟹膏金黄浓厚，入口即溶，香醇不可言喻，价值不菲。

王菲怀着三四个月大的李嫣时也没节制对蟹的欲望，还曾被

发现坐在苏州石阶上等待阳澄湖开来的蟹船,和所有游客吃客一样,席地而坐,被人围观。黎明吃蟹奢靡无度,讲究排场。据说某次演出结束吃宵夜,黎明一口气吃了90只大闸蟹,花了两万多元。这90只大闸蟹就是掰掰蟹脚,也要掰到天亮。他是只吃那一点子蟹黄。

爱蟹的梁朝伟,在上海的酒家包厢里,点600元的蟹宴套餐,配古越龙山。服务员八卦:"一次我上菜推门时,就看到女的将手放在男的腿上,男的轻轻地搭着女的肩膀,当时我有点不知所措。""另一次,我同事说可能是他们喝多了,男的还亲了女的脸。""女的"是说张曼玉。

欲望能满足时得满足,只记今日笑。

〉〉"大闸蟹"的得名和上海简称"沪"有异曲同工之处。沪是捕鱼的竹栅,闸是以竹编成捕蟹用的工具。吃蟹季节,上海人习惯自己买蟹回来蒸或煮,切姜加醋、糖等调料。或者,开着私家车去阳澄湖,上船吃蟹与农家菜。雄蟹的评价一直更高,好的雄蟹溢出的香脂可以糊住嘴巴。

〉〉我最爱明朝张岱的蟹之文:"食品不加盐醋而五味全者,为蚶、为河蟹。河蟹至十月与稻梁俱肥,壳如盘大,坟起,而紫螯巨如拳,小脚肉出,油油如螾愬。掀其壳,膏腻堆积,如玉脂珀屑,团结不散,甘腴虽八珍不及。"(《陶庵梦忆·蟹会》)

○ 王宝和蟹宴之菊花对蟹

王宝和吃蟹 | TCL
精算师，美食家

即便元旦新岁，仍念想着抓住西北风的尾巴，和老友约好一道去福州路王宝和。此季已无雌蟹可食，而至爱的雄膏却还有，店家用秘方饲喂保肥，教科书式均"青背白肚金爪黄毛"，一人选了两个。

老三段，小笼垫胃，黄酒暖身，静待主角清蒸大闸蟹。

隔壁桌两个日本人，吃蟹宴套餐，各式各样花色蟹馔人前一套，排列开来眼花缭乱。最后大轴上整蟹，两人对那东西发呆大约十分钟后，在服务员指点下见到了蟹膏，囫囵两口，所余都弃之不食。之前一次和友人来此时，更是领教过三个日本人半小时吃掉八只大蟹的膏黄后大摇大摆走人的情景。我等慨叹这真是暴殄天物！老友说怪不得王宝和每晚九点就要打烊，晚一点蟹就更不经吃了。我笑言每见外人来应奉以苏北安徽辽宁客蟹，专留阳澄湖蟹给国人老饕。以其人之道还治其人之身。

谈笑间蟹已蒸熟。蟹壳吸硬，非用钳不可，王宝和并无专门工具，唯供剪刀。我们专程来此吃蟹的却是有备而来，"带刀上殿"：张小泉之吃蟹专用钳勺套装，连盒捧出。服务员们无不称奇，说绝少看到自备工具来吃蟹的食客。几个服务员见我自带工具来吃，便切切错错议论不停，每见骨盆里壳满，便轮沉上前来，借机楚摸我的工具，基本都在桌边站一会看我们用钳子，再搭讪几句。

一个服务员趁我吃蟹停手的空，还拿起这钳子来把玩一番："居然是张小泉出的呀！"张小泉还有全套蟹八件的，拿出来排场惊人，用起来方便实惠还是这一钳一勺的组合。她说端蟹开吃的第一个动作便看得出道行：当头掀盖壳的直奔主题，却如甘蔗从老头吃起，绝无法体会品蟹之乐；而先拆下右边最末一根小腿的，才不会辜负这一腔金相玉质。她还说吃蟹还是自己咬来最有滋味，我说此非小菜场软壳蟹，此等硬壳是会把大牙生生别坏的。老友张嘴露出前门黑洞说：如何经得起这蟹的折腾。服务员给逗得咯咯乱笑，直说看久了那些吃两口蟹就扔下的外国游客，不免心疼，难得看到有我们

7

这样自带食具一门心思把蟹吃个里外干净的主。

我心说，大闸蟹是江南这方水土赐予的瑰宝，一年一季大大小小也吃不过十余个，善待这天赐恩物的同时，其实也在珍惜着味蕾尚敏锐的时光。

觅食推荐

王宝和
地址：黄浦区九江路555号/福州路603号

上海吃蟹的老祖宗店，建于清朝乾隆九年（公元1744年）。王宝和专到昆山巴城阳澄湖定点基地选的蟹。硕大的蟹蒸出来，气宇轩昂。只只饱满，蟹的肥油都渗透在丝丝肉间！

除了清蒸大闸蟹外，这里的蟹宴很出色，品种繁多。菊花对蟹形：新鲜的蟹粉蟹黄蟹膏都拆了出来炒后摆盘，做菜便如绘画。太极蟹盒：太极图案主要用虾的弯度来完成，盒子里满是蟹肉。阳澄扒赤壁："赤壁"就是烂熟香糯、入口肉融骨脱的甲鱼。另有鱼翅蟹黄蟹粉、大虾仁炒蟹黄蟹膏、蟹粉草头、蟹粉西施舌、蟹粉小笼、蟹壳黄……没错，蟹壳黄的内馅也充满了蟹粉。

同样出名的还有王宝和花雕，独家秘方，真是香醇无比，是那种甜咪咪的酒，倒在杯子里都暖烘烘加热过了。

新光酒家方亮蟹宴
地址：长宁区虹桥路1591号虹桥迎宾馆7号楼

在上海也算老牌子的蟹店了。同样挑选来自阳澄湖的大闸蟹，将蟹的角角落落都做进蟹宴套餐里：清炒蟹钳、醉蟹、蟹柳芦笋、蟹粉鱼翅、蟹粉小馄饨、蟹膏银皮……

新光更吸引港台名人。《蓝莓之夜》来上海，王家卫招待诺拉·琼斯，特意点了新光酒家人均850元的蟹宴套餐，从醉蟹、蟹膏吃到清炒蟹钳、鱼翅蟹粉。诺拉·琼斯说："吃得太多，以后一个礼拜都不想再吃蟹了。"

No.2

无鸡不欢的时代

白斩鸡

No.2 白斩鸡
无鸡不欢的时代

上海人爱鸡成痴。尤在20世纪八九十年代饮食大革新期风起云涌。炸鸡霸行之前,我们爱过各小菜场肚里塞满香菇和葱的电烤鸡、电影院旁打着"台湾"名义戳着牙签白花花的香酥鸡、街边撒上鲜辣粉的油煎鸡心鸡胗串……以上这些都属小贩外卖,只有白斩鸡独步春申,开店堂吃。想想不可思议,只有白斩鸡是冷的,却打败了所有趁热吃的鸡。

白斩鸡是上海人的大爱。上海卖白斩鸡的店,常被叫成"鸡粥店",因为这原是夜宵卖粥的铺子。鸡粥极受上海人欢迎,价廉物美。白粳米加原汁鸡汤熬成白粥,撒上葱姜末,浇一匙调味,色彩悦目,有时还能吃到细细的鸡丝。

鸡店的发迹史是上海滩典型传奇:从棚都没有的鸡粥摊发展至小饭店,再扩张成高层大酒楼、大宾馆。催人奋进的成功案例在上世纪拍成过电视剧《小绍兴传奇》,由吕凉主演。只记得一个画面清晰:吕凉故意瞄准人最多时端着大锅鸡汤左闪右躲高叫"鸡汤来了",倒入粥桶,以示真材实料。精明啊!

多少年过去了,哪怕是下雨天,取鸡窗口前永远排着乱哄哄的队,外面凄风苦雨地看着玻璃窗内师傅斩鸡。可要整只鸡,也可要半只甚至四分之一只。可根据个人偏好向斩鸡的师傅明确提出,"要腿的部分",或是"要翅膀的部分"。店里的师傅穿白衣戴着口罩马不停蹄,手起刀落,大桶大桶的整鸡瞬间无影无踪。一家白斩鸡店的兴旺,带旺整条路改做餐饮小吃生意,成上海第一美食街。一群白斩鸡店的兴旺,更是惹起群"鸡"逐鹿,催生出一个小店主的集团连锁之路。

常听人哀叹,吃鸡的时代已经过去了,因为鸡已不如从前鲜。像我妈已经从大年三十清早上小绍兴排长队买整只白斩鸡来

配春节晚会,改成自己上菜场买活杀土鸡回来自制白斩鸡,我爸在边上细细地剁姜末拌调料。

但始终觉得哪里不对劲,自己家做不出白斩鸡脆嫩的滋味,鸡肉太柴,颜色丑陋,更像是异地吃到的白切走地鸡。土鸡虽然被城市人追捧,可它的理想去处是徜徉在汤锅里熬鸡汤。李嘉欣是美的,但不合适演林黛玉。

更恐怖的是,如今大多数饭店的白斩鸡成了雪柜出品的酱油冻鸡,放在桌上五分钟,盘底便渗出一汪子水来泡烂鸡肉,吃得人怒火中烧。白斩鸡顾名思义,当然应该随吃随斩,哪里有成速冻陈货的道理?

理想中的白斩鸡闪闪发亮,皮要脆滑,肉需细嫩,皮与肉之间还有一层薄而均匀的水晶冻隐隐闪烁。因为这只鸡在沸水烫熟后,被迅速置入冷水激冻,冷热骤然间交战,反复多次,才能淬出这般脆嫩弹性。鸡皮是不允许有半点破损的,拔毛时要特别当心,烫煮时,火不可过旺,水沸不可迅剧,煮烂掉的鸡皮是一大败笔。

搭配白斩鸡的调料碟又是一大关键,各地调料碟配方的差别甚至大过鸡本身,成为地方标志。新加坡的海南鸡饭调料加香兰叶,香港油鸡配的调料是淡寡寡的葱姜油碟,都不及上海的白斩鸡调料丰富。葱花、姜末、酱油、醋、糖、麻油……看上去差

不多,细细品来各家店味道不同,皆有秘方。

上海人吃白斩鸡,边角料从来不浪费,而且善用鸡的每个部分。所以在店里享受白斩鸡的同时,鸡血汤里漂浮着鸡肝、鸡肠、鸡胗,金黄的鸡排淋了辣酱油,对面搭台的在吃鸡骨酱面,面前还有一盘鸡爪可以啃。

〉〉白斩鸡在清代流行于上海浦东乡间酒肆,鸡就散养在自家庭前屋后,白煮冷食。客人来了后杀鸡烫熟,随吃随斩,配自制米酒。后来,浦东白斩鸡渐渐走进城区,兴于20世纪40年代,马永斋熟食店的"三黄油鸡"和小绍兴白斩鸡是当时最出名的。

〉〉白斩鸡要诀是"嫩",选用脚黄、皮黄和嘴黄的"三黄"嫩母鸡,皮脆骨软,肉质细嫩。三黄鸡,并不特指一个品种。似乎"三黄鸡"和白斩鸡可以等量代换,天生就是在上海"白斩"的。为追求更脆更嫩,一只鸡要在烫水和冷水间拎进拎出反复三次,最后还要擦上香油。

鸡与发迹 | Sun 律师

白斩鸡在上海江湖大战的时代,真是"好鸡时代"。我恰好经历了那个年代,看到现在连锁繁多的鸡店肇始之初。

我最初吃白斩鸡的店,叫"振鼎鸡",于在长乐路42路车站旁。地方小,吃鸡的人要坐在人行道上,锦江饭店的员工也常来这吃鸡。当时有点小钱,中午就去吃鸡,两个人半只鸡、两瓶啤酒,再加两碗面。是的,我吃的时候只卖鸡杂面,加点鸡毛菜,并没有鸡粥。

现在工业化生产,调料送上桌已是成品。当年可是看过无数次调料过程,至今印象深刻:在小碗里先放入切得很细的姜末小半碗,加酱油和醋。据说是二份酱油一份醋的比例,里面还加入煮鸡后的水(我觉得这个不能叫汤),然后加麻油,再加点葱花,葱白和葱绿各半。我一般会要双份料、一小碟他家自制的辣酱,吃面时把余下的料加入汤内。我这个人费料,但不浪费。

鸡由浦东定点每天送来,员工是从安徽乡下招来的,据说老板曾在安徽插队,所以照顾乡亲们。有小姑娘专门切姜末,有小姑娘专门切鸡,刀工比现在各分店的都好,装盘后看着很舒服。

老板带眼镜留胡子,面善。他有台体积很大的摩托车,据说每天起来后先到店里吩咐伙计做事,然后开车去烧香,10点半左右回来,搬一躺椅坐在一旁,和人瞎聊。

老板在上海流行生啤时也曾搞来台机器,给白斩鸡配上15元一扎的生啤。没过多久就发现决策失误,不仅啤酒卖不掉,还影响了鸡的销售,很快就撤掉了,这是老板亲口和我说的。许多人挑老板开分店,他只是说"实力不够"。

接着,我出国了。法国没有白斩鸡,鸭子倒不少,香煎鸭胸若做得好,配上合适的红酒,极棒。而上海人原是爱鸡不爱鸭的。

等再回到上海,"振鼎鸡"连锁店已遍地开花。跟风的"×鼎鸡"店琳琅满目,终究一家家倒掉,剩下它独领风骚。

我最爱振鼎鸡的一点,是始终走平民路线,不端架子。有些

小吃店发迹后总在摆架子,想拿自己往国宴上靠;而振鼎鸡定位准确,就是在为你提供流水线产品,让人放心。其实东西用心去做都挺好吃的,只是上海聪明浮躁的人太多,上海好吃的餐馆很快就走样。上海有这样的牌子不容易。

觅食推荐

小绍兴
地址:黄浦区云南南路69—75号

  家族故事如果发生在弄堂里,那是《阿庆讲故事》;如果发生在石油大亨家,那是《豪门恩怨》。可是它发生在卖白斩鸡和鸡粥的店里,那就是"小绍兴传奇"。小绍兴由章家兄妹俩在20世纪40年代创办,后来妹妹分出另立。这家鸡店在20世纪遍尝兴衰荣辱,停了业又开张,吞并别人又被别人收购,仍旧是云南南路的航空母舰。

  现在的小绍兴大厦,一楼堂吃白斩鸡及小吃,流转最快。二楼可点炒菜,环境嘈杂,需排队领号。再往楼上,有包房有客房。同样的食物,价格是更上一层楼的,楼上的就是比楼下的贵。

  吃白斩鸡、鸡粥、鸡骨酱面,一楼最实惠,二楼价格贵许多量也小许多,不过全色鸡血汤常在一楼售罄,但可以在二楼很便宜地点到,分量极足。真正黄澄澄的鸡汤,满满的嫩鸡血、鸡胗、鸡肠……比其余贵价菜令人满足得多。

章氏
地址:虹口区唐山路216号(近高阳路)

  从小绍兴分出去的妹妹章如花,办过好几个牌子:章氏、如花酒家、王中王……章氏很受街坊欢迎,也有不少分店。章氏墙上写着店的来历,挂着章家老太老头照片。

  点心品种尤其多,锅贴、菜肉馄饨……甚至还有鸡蛋裹炸猪排供应,所以和别家白斩鸡店午市才开张不同,这里早餐生意很好,方便街坊四邻。

  章氏的什件很不错。什件是鸡的各种内脏,软滑如泥的鸡肝,黄澄澄的鸡肠,飞薄的鸡胗……切得碎碎,堆得满满,蘸调料吃,搭配料很全的血汤,吃得人心花怒放。

No.3

双份团圆

八宝鸭与八宝

No.3 双份团圆
八宝鸭与八宝

被唤作"末代名媛"的章含之会讲老派上海话,还会在家宴时做八宝鸭与赛螃蟹(用鸡蛋和姜醋冒充蟹肉蟹黄的菜)。她做八宝鸭时排场很大,请来13位大使,结果把胡同堵死,得靠居委会与警察维持秩序。老年章含之积极参加居委会活动,端上来的私房菜也是八宝鸭。她的"女儿小姐"洪晃在母亲去世后纪念:"她特别热爱生活,自己特别会做饭。我吃到过的最好吃的八宝鸭就是她做的,她再怎么教别人,别人都是学不会的。"

这不禁让人想起章含之的身世,到底还是上海血脉啊。

中国人以前爱鸭爱鹅,不流行吃鸡。《儒林外史》里板鸭、烧鸭、炖鸭、糟鸭、鸭子肉烧卖满天飞,吃的时候还要戳戳鸭脯子上肉厚不厚,肥不肥。《红楼梦》里,史湘云吃酒,碗里是半个鸭头。柳嫂子给芳官端来的有"一碗酒酿清蒸鸭子,一碟腌的胭脂鹅脯,还有一碟四个奶油松瓤卷酥"。可见不管迂儒还是姑娘,俗的雅的,都在吃鸭子。但上海人对鸭的感情远不如对鸡深,嫌它味骚肉硬,不如鸡肉滑爽脆嫩。

可是到了中秋时节,上海人依旧按传统风俗,吃毛豆芋艿与鸭子。上海人家里烧鸭子,多数放足酱油。同学小未说起"红烧鸭子":"上海的电视剧《婆婆·媳妇·小姑》看过么?婆婆做规矩教媳妇烧鸭子:那个酱汁要一圈圈地浇,多浇几遍……"完全看不起鸭子先天不足,非得靠后天人工调味耐心弥补。上海的酱鸭当然是连骨髓里都浸透酱油与糖的滋味,可与白斩鸡共襄盛举。但比酱鸭更有"中秋"意义的是八宝鸭啊!上海的八宝鸭,油光可鉴,肉质酥嫩,整只上桌威震四方,酱色喜人,红光满面。

况且,又是八宝又是中秋,双份的团圆!

○ 上海老饭店八宝鸭礼盒装

自己家做八宝鸭，费时费物。可我身边竟然有不少了不起的妈妈会在节日家宴上端出一整只八宝鸭来。功夫菜啊，一烧就是几个小时，不断地给鸭子翻身浇汤。比较地道的做法是，将生的糯米填进剖开的生鸭肚内，靠鸭子本身的汤汁将糯米煮熟，这才是真正浸润了鸭味精髓的糯米馅。可惜，此种做法难度大了点，生糯米量控制不好会搞得鸭肚胀裂。也有人家是将蒸熟的糯米拌了叉烧、松仁等物，填入鸭肚，封好，接着煮。那样做的话，难度相对低很多。多数饭店里制八宝鸭，当然采取后一种办法。

上海城隍庙的上海老饭店，逢年过节八宝鸭生意怎么看怎么好，经常没有座位给散客。店家有商业头脑，把八宝鸭改造成了礼盒装：堂吃现做的不成，也可聊胜于无地带回家去搞盛宴，或者送人。

八宝鸭里填的是哪八宝，没个定规。一种组合是火腿、虾仁、鸡胗、笋丁、香菇、干贝、莲子、青豆。除此之外，也有放栗子、白果、荸荠等的，总之口感丰富。肚子里填满八宝糯米馅的八宝鸭，总让我想到《卖火柴的小女孩》课文旦，那只肚子里填满苹果和梅子的西方烤鹅，皆象征着生活的富足、家的温暖与团圆。

说到八宝，的确是上海五好家庭的象征，浓浓的上海人家味道扑面而来。上海未必家家有腊月做八宝粥的习惯，但到了春节，每家每户都会在家宴的尾声端上热气腾腾的八宝饭，这是年夜饭的必备甜品，一直可吃到元宵夜。晶莹的糯米里包着豆沙，嵌着红绿丝、松仁、蜜枣、核桃、葡萄干、瓜子、金橘……除了蒸着吃外，今天的上海人家流行把八宝饭炒得面目全非，完全黏糊成豆沙团，用筷子挑着吃，也别有风味。本帮饭店里有一味八宝辣酱，菜里有鸡丁、猪肉丁、猪肚、鸡胗、笋丁、花生、豆干……经辣酱一炒全部变成酱色，再顶上几朵粉嫩嫩的虾仁点亮菜色。其实上海人不太能吃辣，这道八宝辣酱，"辣"不够，甜倒是蛮甜的。

吃着这样的"八宝"，纵使到了外乡，也是上海人的招牌。亦舒在《小紫荆》里写程家的一大宝贝就是厨子阿娥：一名由外婆调教会做上海菜的女佣，"尤其会做上海点心：生煎馒头、肉丝炒年糕、荠菜云吞。水准一流，牌友吃过，人人称赞"。子盈的大哥子函回来，家里就要唤阿娥："做一只八宝鸭我吃，还有，蒸糯米糖莲藕。"这只八宝鸭从阿娥出门买菜到焖好装盘，已是傍晚。八宝鸭配一家人外带上门男友吃顿晚饭，才是团团满满。

》》八宝鸭原先是苏州菜。《江南节次照常膳底档》记载"正月二十五日，苏州织造普福进糯米鸭子，万年春炖肉，春笋糟鸡，燕窝鸡丝……"这道"糯米鸭子"是苏州名菜，应是八宝鸭的前身，早在清朝就已出名。有关乾隆和八宝鸭的故事层出不穷。清代宫廷御膳中有八宝鸭羹、八宝锅烧鸭子、卤煮八宝鸭一品等。

》》上海人热爱"八宝鸭"兴头之足，竟然还搞出"素八宝鸭"这样炮制不省人工、用料不减物力的菜色，了不起啊！上海的功德林做过一款素八宝鸭，填充的馅料和"鸭身"一点都不简单。馅是通心莲、香菇、松仁、核桃、蘑菇、笋、青豆、胡萝卜，切成绿豆大小，加麻油、料酒、糖炒匀，与糯米饭混合。外壳用料与上海素鸭貌相仿佛：用豆腐衣包此糯米馅，捏成"鸭腿"、"鸭翅"、"鸭身"，"鸭骨"则是笋。"鸭子"做好后放入油锅炸，以香菇汤勾芡，淋上麻油。吃起来外脆里软，模仿八宝鸭之香糯丰腴。

八宝鸭之约

舟
27岁，公务员

北京的烤鸭重的是皮相。南京盐水鸭重的是肉感。而上海八宝鸭，重的则是内含。

每年春节，大年初二或初三的样子，我们一家三口就会提前订下上海老饭店，踩着一地红艳艳的鞭炮屑去城隍庙旧校场吃一只美满的八宝鸭。八宝鸭给我的感觉好似圣诞节丰足的火鸡大餐，看到它便深刻地体悟到：过年啦！

有些鸭子是可以半只半只卖的，但八宝鸭不行，它一定是圆圆满满地上桌的，稳稳当当、颇有气势地坐在桌子正中，看着就觉出美好来。此时，一把刀候在边上，干净利落地切开，露出了内含。它的内含是配料丰富的糯米饭。那是有味道的、热腾腾的饭粒啊，仿佛吸收了各种材料整一年的香气，带着湿润，吃起来不会像炒饭那样干。而且这几年饭店里做的八宝鸭，油水比过去放得少了，口味更清淡，更加健康了。

只是，能做八宝鸭的鸭子总得有三四斤重吧，要塞那么多东西进去，个头都不能太小。一家三口拼命吃，也是吃不完的。所以，每次服务员把鸭子一剖二后，我爸爸就要求一半留在桌上，一半直接打包。一半在饭店吃，一半在家里吃。家庭的感觉便格外浓烈。

觅食推荐

上海老饭店

地址：黄浦区福佑路242号豫园（近旧校场路）

上海老饭店创始于1875年，原来是个夫妻店，叫"荣顺馆"，老板姓张。由于历史悠久，不断扩建，成了一代又一代上海人心目中的"老饭店"，于是1965年索性就更名为"上海老饭店"。老饭店的特色菜很多，头一个就是八宝鸭，每天不知道卖出多少只，据说历史可追溯至20世纪30年代，借鉴了别家的做法有所创新。他家的八宝鸭改拆骨为带骨，改烧鸭子为蒸鸭子。鸭子填好后封玻璃纸，上笼用旺火蒸到塌塌酥。再将鸭卤炒的青豆和虾仁浇在红光油亮的鸭身上，色彩夺目。鸭肉酥烂，糯米软香，火腿、香菇等八宝配料隐隐在口中现出原影，你不知道下一口是何滋味，每一口都很新奇。

No.4

第一热面孔

水晶虾仁

No.4 第一热面孔 水晶虾仁

我很爱吃炒虾仁,最好不放任何配料,纯粹的清雅一色,珠圆玉润。可是,家里炒虾仁,总仿佛对自家水平拿捏不准,要放点配料进去。虾仁配豌豆是最常见的,绿色的豌豆味道清甜还能接受,等再放入红色的胡萝卜丁甚至黄色的玉米粒,那简直就是拿炒虾仁当调色板画画玩了!拒绝神圣的炒虾仁被玷污。最恨的就是饭店外来小妹将大盘水晶虾仁换成小盘时,竟然直接把虾仁们拨拉进边上小碗醋里浸泡……难道这是在进行酸碱中和的化学反应实验么?!

小时候,吃清一色的炒虾仁的场合多数在婚宴喜酒上:先看看新娘子漂亮不,再想想那一袋八粒绝不重样的喜糖排列构成,喝一大口"鲜橘水"……其余菜已经没有任何印象,直接等待一大盘色泽最粉柔最暧昧的炒虾仁端上来。虾仁是一出宴席的高潮重头戏,举座情绪饱满,抛下筷子,纷纷举起调羹抄虾仁,酣畅淋漓。

某次,我感慨"虾仁好好吃哦",就有男孩子纷纷接口:废话,虾仁谁都爱的!后来发现,上海男人似乎比女人更热爱炒虾仁。究其原因,我窃以为,男人吃带壳虾时舌齿笨拙,一个两个都是靠双手剥壳,弄得汁水横流,所以对男人们来说还是虾仁痛快!

上海的炒虾仁分"清炒虾仁"和"水晶虾仁"。清炒虾仁让人想到杭州菜龙井虾仁。据杭州美人介绍,杭州的龙井虾仁也分流派,上海的清炒虾仁比较像楼外楼那个做法。而水晶虾仁则和粤闽菜馆子有着密不可分的关系,很受上海人欢迎。晶莹剔透,饱满弹牙,呈半透明状,当得起"水晶"之名。

"很上台面"的上海水晶虾仁始创自六十多年前,饭店的师傅改革粤闽的清炒虾仁,制成水晶虾仁。广东菜讲究镬气,水晶虾仁曾被称为"远东第一炒镬"。上海的水晶虾仁选大小均一的上好河虾剥出，用水泡漂清，上浆的步骤比较复杂。一盘合格的水晶虾仁，要做到"三不见"：不见水、不见油、不见芡。颜色粉嫩，吃起来却如真正大家闺秀有傲气，绝非松垮垮、粉兮兮的。虾仁还得吃出虾的鲜味和质感。粤港点心有虾饺皇、虾肉云吞……里面的虾仁是海虾，大虽大，弹牙归弹牙，却好似塑料一般不自然不鲜美，没有虾味。配虾仁不可少的还有一碟醋，店家专门调制，色略淡。据说静安宾馆镇店之宝的虾仁师傅已入耄耋之年，他不碰油锅，只负责拌料。用粗糙的手，一粒粒拌匀、出水、挂浆……这样呵护下的虾仁，有婴儿之色。

水晶虾仁是从静安宾馆这样拥有大草坪的高级宾馆走出去的，价格不菲，是上海办国宴的当家热菜。既展示了我国不同于西方的娇俏虾姿，又让外国贵宾省了剥壳工夫直接大块朵颐。上海人家，无论

○ 静安宾馆水晶虾仁

○ 静安宾馆中餐厅与大草坪。

在哪里宴客，端上一盘虾仁，都是诚心待客又有品位的表现。要认真而又迅速地吃，一粒都不可浪费。

既然是宴会上的第一热面孔，上海有点档次的本土饭店都得有这道菜撑台面，一些饭店号称自家虾仁是野生的，一盘开价数百元，是整本菜单里最贵的热炒。你有恒隆，我有七浦路！于是上海普通的平民馆子里也能吃到水晶虾仁。像保罗酒家，水晶虾仁是和粉绿的豆瓣炒在一起的，价格是静安宾馆的三分之一。

〉〉制作水晶虾仁，除了蛋青等外，还要放枧水。"枧"便是植物天然的"碱"。传统枧水由用桑秆灰制成，自家做水晶虾仁估计用的就是小苏打。这种弱碱性的膨松剂，能使虾仁不断吸水发胀，外形变得饱满，吃起来更脆嫩有弹性。

温润如玉 | 张昕叶
法律顾问，美食专栏作者，著有《叶子的厨房红宝书》等书

很多人对上海菜的评价便是"浓油赤酱"。叫我说，偏激地去看一地之菜肴，"浓油赤酱"这四个字，任中国哪个城市都适合。油盐酱醋，本就是中国菜的基本调味品，北有锅包肉，南有东坡肉，上海有虾子乌参，四川有豆瓣鱼，都当得起浓油赤酱。而若仔细考察上海菜肴，精致淡雅的风格实也寻常。比如一道糟熘黄鱼卷，取鱼身两侧片肉，以过硬的刀工片成薄片，腌渍后滑炒或氽水成卷，再以上好的糟卤烩过，配以冬笋与水发木耳，白、黄、黑相映成趣，鱼卷更是有如玉牌样温润晶莹。

如果说糟熘黄鱼卷有"玉"的效果，那么另一道上海名菜"水晶虾仁"，则与其名更为贴切。这个菜，最早由静安宾馆借鉴闽粤菜中的"清炒虾仁"改革烹饪技艺后研发而成。顾名思义，顶着"水晶"名头的虾仁，要亮，要炫，要剔透。因此，与闽粤菜的清炒虾仁以及苏菜的碧螺虾仁、杭菜的龙井虾仁不同，水晶虾仁的选料须个大的青河虾，不断以流水漂去其体表黏液，再用小苏打等腌渍料经过复杂的上浆工艺，才能保证成菜颗粒透亮如水晶。

有人不喜这种培养病梅式的做法，认为不断的漂洗和上浆过程，早已破坏虾仁的原鲜，如此制出的炒菜，即便如珠宝般璀璨，又有何意义？其实我倒觉得没那么严重，人脑那么聪明，人心那么会搞花样，在保证健康的前提下对菜肴做些创新，本身也是很有趣的一件事。至于口味，见仁见智，且不说"色、香、味"三要素的排列先后在每个人的心中都不一样，就算拿"味"来说事，水晶虾仁还是保留了不少腥腥甜甜的鲜味的，而且口感确实比单纯清炒的虾仁要更有弹性。

现在，很多饭店已选用相对便宜的海虾仁来做水晶虾仁，对食客来说也是多了一种选择的余地。更有著名的本帮菜馆，开发出水晶虾仁的家常版，在超市售卖，让我们这些朝九晚五族，也可在家中玩玩山寨版的"水晶虾仁"。

觅食推荐

静安宾馆

地址：静安区华山路 370 号

上海最好吃的水晶虾仁在哪里？静安宾馆的水晶虾仁曾经独步春申。老师傅有绝活，但不传人。宾馆原名"海格公寓"，是 20 世纪 20 年代建的西班牙风格建筑，华丽优雅。这里的水晶虾仁和清炒虾仁，分大份和小份，与这里的环境一样，相当有底气。

只是名气虽然响，价格虽然贵，不能保证你所吃到的那盘水晶虾仁出自这里最高水准。可"最高水准"是什么，每个人有每个人的体验，划一不得。倒是这里的麻球相当优秀，大如蜜瓜，皮极薄，咬开便是暖暖一口气。

在静安宾馆用餐，要加收 15% 服务费。

新雅粤菜馆

地址：黄浦区南京东路 719 号

新雅是我父母这辈上海人推崇的上海老牌粤菜馆，南京路逛完就去那里买点心吃。姐妹们有许多人将喜筵定在新雅，菜式的确清雅讨喜。

水晶虾仁是新雅的看家菜。初创者选用端午前后的江苏建湖柴虾，一斤 70 只的规格，剥出虾仁来保存供一年使用。

虾仁的关键是上浆，浆的时间非常长，要在冰箱里放好几个小时。普通家庭是懒得去弄的。而新雅如今搞出许多半成品的菜来，各种料都配好，放在雪柜里冷藏出售，下班后买回来一炒就上桌。

No.5 先把小日子过起来
肠血油豆腐线粉汤

No.5 先把小日子过起来
肠血油豆腐线粉汤

我小时候经常犹豫的是，到底买一碗，还是买两碗？吃溧阳路那家油豆腐线粉汤时，次次都很贪心，吃着这碗，望着那碗。等到长大搬家，路过此地，一定叫两碗捧场，"葱辣都要"。

它虽然被简单地唤作"油豆腐线粉汤"，却不是普通点心店里只有油豆腐和线粉的油腻腻汤。光这两样东西，怎么好吃？这碗汤里，除了有细嫩娇小剪破口以吸满汤汁的油豆腐，以及白近透明涨得鼓鼓的线粉外，还有一只小巧的百叶包肉，小块的血，以及铺在碗上的肠尖。肠子尖端特别脆嫩，远非圈子那样肥硕。就是这个肠尖，老板叹："多么辛苦，段段剪开洗，手都能剪出血来。"而且这碗汤的汤头是清澈的，不浮油层，用的是滋味浓郁的肠汤，颇有贺友直先生画的三百六十行之"肠汤线粉"神韵。

几乎在此地段住过的人，都对这个早期的个体摊头心存好感。曾经家家户户带着锅子排队买汤，声名远播。经济学书本上谈及改革开放，甚至有此家线粉汤摊个体经营实例。

上海有许多大饭店老字号是由小摊小贩起家的，从一副担子两条长凳，到搬进店堂，再造起酒楼扩充分店……所有一切，都需经管头脑、生意胆魄，都和碗里的滋味不相干。而溧阳路这个曾经生意火爆的小摊，却是宠辱不惊地度过了26个春秋，丝毫未变。多少报纸杂志写到它，叫不出店名，只叫"溧阳路线粉汤摊头"。

掌勺的从苏北老太变成老太儿子再变成眼镜儿媳，价钱从一两角涨到三元五。吃的人生老病死，依旧遮雨棚加几条长凳，挂盏赤裸裸的白炽灯泡，昏暗。可是我

○ 朋友寄来的老上海油豆腐线粉汤明信片

○ 七浦路一带为上海老鸭粉丝汤聚集地

们依然爱它念它。它的结局是，2006年随道路拓宽，与两排老洋房及水杉树一起消失。

消失之前，小摊在拆得七零八落的断瓦颓垣间挣扎着营业，摊主首次印发店卡给新老主顾，说以后搬到新地方开张请继续支持。我们也终于知道这个连黑板都懒得挂的小摊有个名字叫"姚记"。

可是，一年，两年，我偶然打电话过去，懒洋洋的摊主都说："我们还没营业。"一点愧疚都无。

这个摊子消失后，兴盛的是家外地人开的老鸭粉丝汤店，有血有粉丝有油豆腐有鸭胗和鸭肠。短短几年间，扩充门面，几番装潢，数度提价。而更迅速的是，上海处处都见挂着店主夫妻头像的加盟店，不得不佩服他们远甚"姚记"的进取之心，但也务必提醒大家各加盟店质量天差地别。

好在，后来又在家附近石库门幸存的余杭路，找到家上海夫妻开的肠血线粉汤小店。夫妻两个一掌勺一打杂，只做早上街坊生意。老板娘不施粉黛肤色极好，大桶咕嘟着金黄肠汤，拿来烫粉丝烫血烫油豆腐。血是真的嫩，油豆腐也嫩得柔弱无骨，撒上剪碎的大肠和鸡肠，人人称赞。这家人提供的调料品种多质量好，光辣椒酱就有几种选择。但"姚记"有一味绿蒜叶子，比这家放的香菜碎更合适肠汤气味。

吃客都是熟客,老板娘记得我是不加香菜的。把头埋汤碗里时,身边就有老阿姨汤饱能醉人地点燃一支烟,妖娆而妩媚地叹出一口。而门外馋嘴却又打扮精致的上海女孩则等着老板娘给她们外带,好在上班前在有空调的办公室吃。

只是,这家店每天早上9点多就收摊,更可恶的是,这个夏天以来,天气炎热,门都不开。阴暗的店里只有相当脏旧的四张麻将桌,从早到晚则掀掉桌布开战。小菜香烟钱,在这流水噼啪声中流转。

〉〉一碗油豆腐线粉汤,关键汤好,其余都是吸饱汤便好吃。在这点上,小摊小铺远胜点心店精心。油豆腐线粉汤的汤头除了少数人家专业做肠汤外,更多用的是肉骨头汤。我个人喜欢浓郁的肠汤,不加任何调料都有扑鼻鲜香。

〉〉"明信片控"阿冬和我一起吃过加血加肠的油豆腐线粉汤,特意寄了张《贺友直画三百六十行》之"肠汤线粉"明信片给我。

○ 老鸭粉丝汤汤锅

长发飘飘的年代

阿彬
青年国画家

我从小就学画,而这油豆腐线粉汤的记忆,也和学画时的青葱岁月相连:长发飘飘,叼烟,艺术青年,自行车……组合在一起,这是一群正热烈探讨其实此生无解的崇高问题的男学生,这是一群结伙吃油豆腐线粉汤的小子。

那是汗湿的夏天,没有空调,几个男生下课回家吃完饭后,聚集到庆阳路同学家画室集体学画,一画画到晚上近零点。

深腹大锅里用板划分不同区域,一处煮油豆腐,一处煮血……泾渭分明。付了钱,老板拿个笊篱往碗里挑两块油豆腐,用剪刀剪开,再挑点血。铁笼子盛着加了肠尖的粉丝,挂在锅边略烫,随即倒入碗中,撒大蒜、鲜辣粉、辣椒酱。妙处在于通体吸满汤汁,而那浓郁汤汁的特殊滋味是肠熬出来的,颜色金黄。

男生吃夜宵,必得管饱!我通常来一份油豆腐线粉汤加一份重油炒面。重油炒面有肉有油水,瓷实。炒面下肚再吃汤,小破桌上放着广口瓶装的辣椒酱,恶狠狠挖两勺加在汤里,搅拌,开吃。温馨画面浮现眼前……

大家都吃得满头大汗,眼泪与鼻涕齐飞,大叫一声:老板,再来点汤!

吃完飞车回家。我们当时都住里弄老房子,到家脱光了,直接拿水管套水龙头上,冷水冲凉,热汗加冷水,爽!

这便是艺校生活留下的共同的最美记忆。

○肠血油豆腐线粉汤

觅食推荐

森森饮食店
地址：虹口区余杭路91号

只在早上有卖！很容易忽视过去的铺子，堂吃环境比较差，可以打包带走。金黄的肠汤还有鸡的鲜味，内有油豆腐、绿豆粉丝、嫩血、百叶，铺满切碎的大肠和鸡肠，撒上葱花香菜，一桌子鲜辣粉、辣椒酱、盐和味精随便取用，极受街坊欢迎。但老板太懒散，某日称想休息段时间，就不开门了。

妯娌老鸭粉丝汤
地址：虹口区武昌路579号（近七浦路服装市场）

白天经常排长队的人气小吃店，上海的老鸭粉丝汤浪潮就是从这里掀起的。如今一碗老鸭粉丝汤已涨价多次，内有鸭胗、鸭肠、鸭血、粉丝、油豆腐，少了鸭肝，汤的味道和南京鸭血粉丝汤非常不同，汤浓料淡。兼卖盐水鸭、酱蛋、牛肉煎包、狮子头、春卷等。加盟分店星罗棋布，只推荐武昌路这家。

○ 图为上海人家正宗肠血油豆腐粉丝汤配料

No.6
艰难辰光里的情调
上海西餐

No.6 上海西餐
艰难辰光里的情调

电影《红玫瑰与白玫瑰》里,佟振保与孟烟鹂相亲谈恋爱,带她去吃西餐。罗宋汤上来,佟振保先拿汤匙喝了一口,孟烟鹂看着他喝完一口,跟着学样也舀口汤放入嘴里,手还是微微抖的,汤舀得似乎太多又倒了一点回去。这样的小心翼翼,让佟振保觉得明天灿烂尽在掌握,此女好似素白扇面可以任由他画出图案来。带相亲对象去西餐馆吃大菜,这是祖父母一辈玩的情调。早期,吃西餐是上流社会的消遣,时髦小开与洋装女子约会的处所,环境幽静,花销不菲。

可是,等到了我们父母这辈,西餐社已经公私合营完毕,一片嘈杂毫无秩序,成了国营供给大众消费的场所,正力图改造成食堂。以后,进出的人就越发没腔调了。一些市井之徒每天早上泡西餐社,点杯饮料抽烟消磨时光,熏得整个大堂烟雾缭绕,直到午后方散。而在物质匮乏但精神勤劳的年代,西餐在自家厨房改良扎根了。到了我们这代,我们对西餐的感受是双重的,如今原汁原味的昂贵西餐厅依旧是时髦约会之地,平民化的上海式西餐与西餐社也是我们挥之不去的记忆。

时至今日,上海味道的西餐,令上海人怀念,早就与单纯的味觉满足无关,而是过去辰光泛起的暗金色:尚不懂得偷工减料,也颇懂得自得其乐,钻研与幻想的能力都特别强大。

上海几乎每家每户的主妇都会搞点带自创性质的西餐,家里有几套齐整锃亮的刀叉汤匙。我上小学前,就从家里大人的玻璃橱内搜出两本书来读,一本是琼瑶的《剪剪风》,一本是附有彩色插页的《西餐制作集锦》。漂浮在奶油汤里孤单单一粒青豆

○《红玫瑰与白玫瑰》里罗宋汤

○ 德大西菜社德式咸猪手

的画面震撼了我,这个也算是汤么?

不过,我家从来没出现过奶油汤,我妈妈做的罗宋汤倒是很受亲戚欢迎,每年春节都被要求做一大锅子,供十几口人分食。买西区老大房的红肠,切洋葱,摊蛋皮,炒油面……一定要用罐头装的梅林牌番茄酱。如今饭店里的罗宋汤质量每况愈下,和红肠不如过去制作精良有关。上世纪90年代开始层出不穷的超市火腿肠都是添加粉红色剂的面粉糊,生生带坏了上海肉感的红肠品质,大家都不负责任唯利是图好了,真是"好样不学学坏样"。可是这样的罗宋汤,明显俄罗斯是没有的,1935年上海白俄菜馆里的罗宋汤盛在铅质深口的锅子里,"满满的一锅,中间还有一大块牛肉,外加一大盆面包,叠得像宝塔一样,吃三四块已很饱",看,我妈做的罗宋汤和这个又不同,人家不放红肠。罗宋汤在上海很有名,家家都有私房罗宋汤,有的人家放牛肉,有的人家放土豆,但和俄罗斯原有的红菜汤已完全不同。上海的罗宋汤还曾经以大桶装了在弄堂口供应,非常大众,配面包吃,当然那就更稀薄了。

读本科时,寝室里六个女生都是上海人,第一次集体过圣诞夜,就很一致地认为:应该搞色拉庆祝。我们在简陋的宿舍里因地制宜,把土豆煮熟剥皮切成小块,煮青豆子,切红肠丁,搅拌色

拉酱。做出满满一盆，六个人吃得乐颠乐颠的。吃完才想起来，其实还可以往里面放点鸡蛋、苹果之类。无所谓，这盆色拉已经足以刻骨铭心。

据说，罗宋汤和土豆色拉都脱胎俄式西餐，但是俄罗斯可吃不到酸酸甜甜、放了红肠与番茄酱的罗宋汤，也没有那种甜腻腻的土豆色拉。

所谓法式、德式西餐也都走样厉害，裹面包粉油炸，加点沙司酱，便成了西餐，而且蛮好吃。许多外国菜原料淡寡寡，没有什么味道，要靠洒上酱汁调味，而上海式西餐把调味味道都浓浓地做进了菜里。

相应的，在上海许多老牌子粤菜馆子有西式做法的名菜名点涌现。例如新雅粤菜馆的烟熏鲳鱼典型地借鉴了西式酱料，而他家的奶油大布丁内含特别中国的细豆沙，香浓细滑，浸在奶汁里。

在外国人开的西餐厅在上海设立之前，在大批外国厨师入驻星级酒店之前，我们都好似《山海经》、《镜花缘》般想象并模拟着西餐，改造着创新着。上海老牌的西餐社都是国营的，无一不是土生土长的上海脸蛋、上海舌头，我们很习惯入座后写单的阿姨对我们指手画脚提建议，很习惯硬邦邦掺了色素的菠萝派苹果派……

今天，带着国营面孔的上海式西餐社正悄悄地退出。在满世界掀起老上海怀旧风潮时，当以老上海为背景的电影惹得外国人来电话询问时，这些国营老西餐社却丝毫没有抓住机会，没能因此风生水起。能在板着面孔的老阿姨手下领到一份乡下浓汤，从布满颗颗西米的布丁里挖出一勺滚烫的豆沙，在刀叉"倾零哐啷"声响里听隔壁桌胖妇人们高谈房子股票，都让每个上海小囡觉得生动而熟悉。

〉〉19世纪末，上海就"开洋荤"了。20世纪二三十年代，上海番菜馆兴起，主要在"四马路"福州路一带，后来随着西人逐渐涌入而在淮海路蔓延。《番菜五更调》里唱："一更一点月光圆，吾唱番菜馆。呀呀得而哙，装潢真起看，拥拥挤挤才轧满，真可观，大热天，外加电风扇，呀呀得而哙，好处说勿完。……五更五点月落西，先施公司里，呀呀得而哙，番菜最有味，牛排醋鱼加利鸡。走进去，坐下来呀，西崽满客气，呀呀得而哙，并勿拍马屁。"

〉〉清末狭促小说《海上繁华梦》中有详细的上海番菜馆菜单，按西洋菜式顺序上，东西却常见中国面孔：一份鲍鱼鸡丝汤、炸板鱼、法式猪排，一份虾仁汤、禾花雀、火腿蛋、芥辣鸡饭，一份元蛤汤、腌鳜鱼、铁排鸡、香蕉夹饼，一份洋葱汁牛肉汤、腓利牛排、红煨山鸡、虾仁粉饺。另外点西米布丁，开一瓶香槟、一瓶啤酒。上海最早有正统西菜的是礼查饭店（今浦江饭店）和汇中饭店（今和平饭店南楼）。为了照顾上海人口味，又有了一品香、晋隆和大西洋番菜馆。

○ 新利查土豆色拉

老派上海西餐社记忆 | 饭困玛
UI设计师，中级西点师

想起小时候跟着大人去吃西餐的事情，颇白头宫女话当年。我回忆的是上世纪整个八十年代到九十年代初的淮海中路的西餐社。

以前统称作西餐社，并不昂贵，普通家庭也承受得起。家长休息天带小孩去吃西餐，是休闲的一部分。在小孩心目中，吃西餐充满趣味，跟现在小孩要上KFC和麦记差不多的心态。

老早的红房子在陕西路长乐路口，现在非要把上海西餐馆占领了二合一。我幼时最早吃大菜的印象就是在那里，大餐台边家人围坐，头道浓汤（罗宋汤）与最后一道冰淇凌圣代是我最惊喜的菜式。小时候外婆请我们红房子吃西菜，饭后点心第一次吃到冰淇淋苏打：冰淇淋球浮在果味饮料上。这种冰淇淋苏打在90年代前后淮海路沿街的小咖啡店面包店里经常吃到，那种小咖啡店很实惠，临近电影院，小资概念当时还未兴起。

家人常带我去淮海中路近思南路口的蓝村西餐社，有火车卡座的小馆子，价廉物美，地埏道道，记得家人告诉我某个服务员还是全国劳模呢。那里全是规矩本分的菜式，猪排尤其好吃，肉细细拍松了裹了面包粉酥炸，香喷喷的，略微浇一点辣酱油或者番茄沙司。这一类实惠的火车座小西餐社，在靠近淮海路的常熟路也有那么一两家，每人一份罗宋汤一份色拉一份炸猪排，若不够饱再加一份涂了白脱的厚面包片。

离我家弄堂最近的西餐社是天鹅阁，在淮海中路东湖路口，与其他从白俄传承菜式的西餐社不同，这家店偏意法口味。我第一次吃到奶酪面与披萨，就是在这家店，芝士量很大，香气浓郁入味，有很明显的中式手法。还有一道鸡丝奶油焗面带着特殊回忆，当时恋爱中的一位阿姨喜欢带着我这小电灯泡在天鹅阁约会，常点这道焗面。饭后把我送回家，这对情侣则梧桐树下散步走去高安路交响乐团对外舞厅跳国标。

天鹅阁西餐的口感比如今快餐化意式餐馆精致。记得分为上下两层，一楼偏大众化堂吃，二楼有数张大餐台适合举行家宴。有一次我家人聚餐去天鹅阁，服务员笑说："各位只好楼下轧一轧坐，今朝二楼包场白杨女士请客。"

天鹅阁丰俭随意，既可以点上一桌子大菜请客，也有附近居民拿着钢盅锅子外买罗宋汤。店门边有卖自制西点的小窗，我下午放学买过咖喱饺和红肠面包。别致的红肠面包记忆犹新，一只小小纺锤形面包上斜嵌着三片红肠，做工丝毫不怠慢，再也不会遇见的好味道。

想到这里，啊呀我馋痨强烈发作，恨不能穿越回去吃一遍老派上海西餐社。

觅食推荐

凯司令
地址：南京西路1001号（近茂名北路）

"凯司令"是民国时开张的西菜社。张爱玲的《色，戒》里，王佳芝和易先生便是在此装有柚木护壁板的店里玩情调，把口红印子留在咖啡杯上。张爱玲自己也常和炎樱来吃奶油。这里过去是电影明星和作家聚会之地，也是有着老上海情结的人忆旧的场所。

一楼的西点实惠，深受欢迎。栗子蛋糕、掼奶油、哈斗、牛利、曲奇饼……都各有人喜欢，而获过奖的维纳斯饼干将巧克力的香醇与曲奇饼的酥滑结合，奶香扑鼻，入口松化。凯司令里的人很自豪地说："我们的西点放到第二天仍旧能卖，其他面包店就要打折。"

三楼是西餐部，上楼的人却不多。靠窗的那圈沙发座最舒服，要挑阳光好的时候看南京西路。服务员们有着最典型的上海大妈腔调，态度不能算冷漠但能感受到傲气："我们不是打工的，我们在单位上班。"

凯司令的西餐是"法式"的，当然是上海法式，色拉上面竟然码着整根的香菜。客人不多，菜的水准忽上忽下，但还是可以吃到符合上海人味觉理想的

牛排与蜗牛,红烩茄汁牛尾更是食客眼中的招牌菜。

德大西菜社
地址:黄浦区云南南路2号

德大西菜社始创于1897年,原来叫"德大牛肉庄",经营很大众的德式西菜。许多上海人第一次接触西餐或者称之为洋派食物,是在德大西菜社,因为地段曾经真的很黄金。可惜南京东路四川中路口的这家60年老店在几年前烟消云散了。

传统名菜是牛排与葡国鸡。牛排是所有上海老派西餐社最有力的招牌,这里的菲利牛排还插面小旗子。土豆色拉的量很小,浇入的是蛋黄酱。用料和正宗西餐颇有不同,味道也适应上海人的口味,整体比西餐甜。

凯司令到了周末,就没有"公司菜"套餐了,而德大仍旧是供。德大也有西点外卖,核桃派与白脱花生都很敦实,我尤其喜欢小小的桂圆蛋糕。

No.7

在我最美好的时候

性感小笼包

No.7 性感小笼包
在我最美好的时候

梁实秋写汤包,说:"上海沈大成、北万馨、五芳斋所供应的早点汤包,是令人难忘的一种。包子小,小到只好一口一个,但是每个都包得俏式……妙处却在包子皮,半发半不发,薄厚适度,制作上颇有技巧。"这就是他心目中的上海小笼包了。

"北万馨"和"北万新"有关么?问不到梁先生了。反正我没在上海北万新吃到小笼包。

正宗的上海小笼应该一两八个,现在许多店家一两六个也还过得去。外地有些小笼,一两三个,那哪里是小笼,根本就是小肉包子,皮是发面的,肉馅里还加了大葱。

上海小笼也不同于无锡小笼,无锡的那个叫做酱油甜肉包子。上海的小笼,小巧白整,薄得均匀,顶上的小口收得漂亮,皮儿还似乎没从蒸汽氤氲里清醒过来。哆哆嗦嗦夹起略透明的小笼,薄皮里的汤汁就开始不安分地坠着底儿晃悠。皮子咬开,小心地吸里面的汤汁。肉馅完整紧实,并不呈可疑的粉红色。那包汤汁当然重要,要鲜得清口,我不喜欢浓郁的调味。小笼相当烫,凡是东西一烫,舌头对其滋味的敏感度就会下降许多。因为烫所以已经觉得鲜,清淡的肉味就足够了。

通常,鲜肉小笼足矣。蟹粉小笼是用来卖贵价的,咬开来橙红色的蟹油滴到调羹里,就是满满一勺子红油。肉有一股子姜末味道,肉馅也是紧实的,的确有相当的蟹粉,但我觉得油了点,即使蘸了醋,一兜汤含在嘴里依旧油腻得很。小笼里的蟹粉其实是不鲜的。

上海所有大饭店出品的生煎都荒腔走板,倒是多数大酒肆都能做出水准不差的小笼包。可是,他们依旧不能理解小笼包的妙处。某高档饭店在1933创意园区的橱窗上贴海报,宣传照上的小笼包皮子未咬开，托着它的调羹底部已是一包汤满满渗出……深怕别人不知道自己有加了料的高汤，却忘了小笼包的大忌，毫无原则，如同丑闻。

小笼的关键是新鲜现蒸，品相完整，颤巍巍送到面前，仿佛蒸腾的那口热气还在皮子里翻滚。

我有朋友是香港艺人宣萱的粉丝，为了讨好偶像，接机前，她从古漪园买来正宗南翔小笼带到浦东机场，掐好时间找炉子在机场就地现蒸，赶着偶像步出的那一刻，送上热腾腾饱满的蟹粉小笼！这才叫真的虔诚，会吃！

速冻，打包，或者叫外卖，都是对小笼包没想法的人。将刚蒸好的小笼包夹入快餐盒里带走的人，是最不懂把握时机做事的那批。某次我走进德笼馆，一群阿姨手忙脚乱接外卖电话，竟然对我说："今天的小笼包全部都要外卖送走，堂吃不卖！"真令人哭笑不得，这绝对是本末倒置。阿姨们难道不愿意让自己做的小

笼包以最美好的方式被人吃掉么？

张曼玉在《东邪西毒》里慨叹："在我最美好的时间，我最喜欢的人不在我身边。"我替小笼包们慨叹："在我最美味的时候，我没有被及时吃掉……"

》〉如果到一家小笼店，听到服务员说"对不起，还在加紧蒸。"恭喜你，八九不离十了。这笼现蒸的或许要等一刻钟甚至更长时间，可是，值得。吃小笼包一定得有耐性，也要学会大胆质疑。一坐下来就端上桌的小笼包多半已经在漫长的等客过程中被蒸烂，汤汁干瘪，皮子都破了。此时，你可以叫来服务员，当面用筷子夹起手腕一翻，那皮烂肉散的底，会比服务员的脸色更难看。然后，要求换笼现蒸的！

○ 城隍庙包小笼的场景

一种习惯 | 钮晓嫣
话剧评论员，编剧

已经记不得是从什么时候开始喜欢上富春的，也记不得是谁带我去的，待到想要追究的时候，发现这已经渐渐成为了一种习惯。

富春二楼以上是专点菜的，若是只吃小笼的话，只能坐在一楼的大堂。每次去富春，必点小笼和西米露，按说这一咸一甜、一中一西，似乎不搭调，但，这也成了一种习惯。

继传统的小笼之后，富春又适时地推出了虾仁小笼、蟹粉小笼，后来也陆陆续续多了蛋挞、马蹄糕、葱油饼等，但总觉得还是鲜肉小笼最好吃。富春的小笼，皮薄，馅多，有汤汁，不像有些人家小笼做得干巴巴的，皮又厚，总觉得不够新鲜或面没发好。

在上海戏剧学院读书的时候爱富春，图它价廉物美，更重要的是离学校近！每晚排练完，几乎快十点了，常规的饮食店早已打烊，也就富春例外，营业至凌晨两三点。于是，富春成了我们这些上戏学子排练、看戏、做功课完毕出来吃夜宵的首选之地，也被大家亲切的称之为"食堂"——几乎每次去富春，一眼望去，在座70%以上是校友，在嘻嘻哈哈之间聊出了新剧本，创造了新构思。或许从富春曾走出、正走出或将走出各领域的艺术大师吧。

毕业之后有次和朋友一起去富春，才入座便有师妹过来叫"师姐好"。吃了一半，师妹又过来打招呼："我先走了哦，你们慢用。"真让人得意——不是上戏出来的人很难理解这种严格的师哥师姐制度，也无从体会对富春那份莫名的热爱。好友选择离乡背井去异地工作，每次回来总吵着要去富春，我觉得富春太便宜了，请客这个未免显得自己太小气，而归来的游子坚持要去富春，说是北京的小笼实在太难吃，"做梦都还在想着它"。迷恋的不只是富春的味道吧，我想。

工作以后再去富春就是一种别样情怀了。毕业之后工作所在地离学校不远，如果以镇宁路为界，"就是向左走和向右走的区别"——我常和朋友们这样开玩笑。只是这一转弯，不但是踏出青涩校园后的重大转型，也离无忧无虑的生活渐行渐远。富春不仅仅是学生时

代的青春纪念,更是一种精神寄托,甚至有时遇到委屈和烦恼,第一反应就是想到去富春坐一坐,尝尝自己熟悉的味道,看看周围熟悉的脸庞,似乎能在那里找到渴望得到的安全感。

觅食推荐

富春小笼
地址:静安区愚园路650号(镇宁路口)

　　富春是门面比较大的专业点心店,同类店中算装潢最齐整的了。优秀的小笼包,价廉物美。只是,有时候需要等候的时间很长。除了小笼包外,这里提供的各类其他点心未免品种也太杂太多了,常有意想不到的品种出现。另外推荐这里的炸猪排,裹上面包粉,敲得很薄,肉质依旧柔嫩。

德笼馆
地址:黄浦区江西中路473号

　　点心店破败、拥挤,尤其在一楼堂吃,客人和小笼师傅差不多桌对桌互望,生意却还是不错的。

　　小笼包品种很多,有招牌鲜肉小笼、蟹粉小笼、鲜虾小笼、特色麻辣小笼、蛋黄鲜肉小笼,有别家没有的花样。现包现蒸,外观不错,皮薄而细腻,汤多肉嫩。特色麻辣小笼果然很特色,装麻辣馅料的袋子红艳艳油亮亮,但其实并不太麻辣,好似上海的火锅麻辣调料一样,味道还是蛮特别的。

　　另有如今不多见的紫菜蛋皮汤搭配小笼包。

No.8

情同初恋

生煎底细

No.8 情同初恋
生煎底细

之湄姐姐无限留恋地说:"曾经,我决定把大壶春的生煎馒头作为生命的最后一餐……"少女情怀常伤春啊,因为年轻,所以总在遥想花谢花飞飞满天,红消香断——穿啥好吃啥好?

然后,她问我:"你这一代,有没有吃过大壶春的生煎呢?再也没有吃到过这么好吃的生煎。"她吃的是德大西餐社旁的大壶春总店。生煎煎到快熟时,浇水进热油锅,"兹拉"一声,生煎活了!赶紧盖上锅,关住里面火热热奔腾的心,外面热辣辣窥视的目光。

生意太好,排队人太多,领生煎的筹码分红、绿、白、黄、黑五色,好似开奥运会一样,标记先来后到的次序。翘着兰花指从油渍渍的牛皮纸袋里捏只刚煎出锅的生煎馒头啄开,身边,排队排得像百脚蜈蚣,这样的大壶春随着海虹的炸猪排配红肠浓汤、凯福饭店的鲜肉水饺……成了她的追忆似水流年。

我当然吃过大壶春,在大世界停业改造前。大世界对面的大壶春卖"三鲜生煎",捏口朝上,肉馅里加了虾仁和鸡蛋,蘸生煎不用醋而用辣酱油的。只是,肉馅咬下去干瘪瘪的,没有一包鲜汤,滋味还是好的,吃过第二天还想吃。

之湄姐姐吃到的,显然和我在大世界吃到的,味道迥异。

而今天,云南南路上的大壶春,生煎皮子发酵得如小花卷,褶皱向上,花枝招展。皮厚,咬开一泡滚汤,肉馅完整紧实挖出来可烧肉丸汤,只是不见当年虾仁。甜,相当的甜,鲜甜,甜腻。

难道生煎如容颜,十年一变?

如今,之湄姐姐的女儿也成长到了她发出"决定把大壶春的生煎馒头作为生命的最后一餐"誓言的年纪,却深深喜欢上了近年流行的薄皮多汁的小杨生煎。无论她家大人怎样强烈地表达不

○ 大壶春店内食客

喜欢，年轻人就是固执地认定自己这一国推崇的才是真正的好。那些排队买大壶春的老爸老妈越嗤之以鼻、苦口婆心，孩子们越发追捧得紧。小杨生煎店门口排的队伍是上海最长的，等的时间长会导致穷凶极恶，四个上海女人一气买两斤，吃的时候只吸一包汤，把肉馅全扔掉，一片狼藉。

之湄姐姐哀叹地总结："我想，上海人吃生煎如同初恋。初恋总是最好的。小杨生煎是我女儿的初恋生煎，我们这一代初恋大壶春也。好坏自知。"

那么我的初恋生煎，到底是弄堂转角需要粮票买的生煎呢？还是山阴路弄堂底蔷薇花下买来当午餐的生煎？皆是弄堂深深深几许。

○ 大壶春生煎

真是一下子生煎变琼瑶亦舒。好比我们上一代人偶像是林青霞，下一代人偶像是王心凌。谁都无法对谁拨乱反正。

又或许，随着年龄增长，那些迷恋王心凌的小孩，也会渐渐看清林青霞的美，只希望美人迟暮可以慢点到来，让好滋味比红颜更长久些。

纵使滋味不能代代相传，总也是代代钟情生煎。

〉〉上海早年有名的专营生煎馒头的店，是黄楚九的萝春阁，现在已经被历史湮没了，不属于我们这辈记忆。好吃的生煎各有各的妙处，不好吃的生煎在上海也有潜规则：第一，请不要在大酒店大饭店点生煎。从来没在一家上海的大酒店里点到好吃的生煎，无论里面是否加了蟹粉，是否标明"特色"、"正宗"、"金牌"诸如此类。第二，请不要轻信以生煎为招牌名的、数量极多的那种连锁店。由于加盟店太多，做生煎的都是新手，质量无法控制，一般都在水准以下，皮厚料咸肉腥黏牙，甚至可能没熟。

〉〉许多人未必了解上海哪儿的生煎才好吃。有个香港作家文章里写每来上海必吃某连锁店的生煎，唬得我朋友专程写信告知他请去不远处"光明邨"吃客好吃的生煎，不要误导港人吃上海最差劲的生煎。港男深深感激。在台北夜市看到"钟家原上海生煎包"，郝龙斌说："到台湾玩一定要去台北士林夜市买钟家原上海生煎包。"可是，亲眼目睹才知道，这个"上海生煎包"，和上海的生煎完全不同：个子很大，皮发得白白松松，有肉馅，还有高丽菜馅，煎的时候收口在上，收得不紧，汤汁不会溜走。上海生煎有够出名，但出了上海，生煎还是变种了。

情感最饱满的那一客

忻之湄
专栏作家

20世纪80年代初,长住香港的外婆开始每年来上海探亲,对我们而言最大盼望不是她带来的立体画片、玻璃丝袜、力士香皂和录音机、电视机,而是她一到,总是吩咐我妈第二天去买生煎当早餐,而且非常豪气:"买两斤,让小孩吃个够!"

一锅生煎出炉,翘首以待的顾客们看到我妈一个人就卷走了一大半,没有一个不朝她翻白眼的。生煎配上头天晚上剩下的火腿鸡汤,对于当时的我们实在是一顿盛餐。

至于去当时最有名的"大壶春"吃生煎,则不是普通的犒劳而是一档重要的节目了。事前徼约上阿姨一家,带上家中老人,定下一个周末,十来个人浩浩荡荡开到那里,照例是要排长队的。好在因为生意好,通常两个锅一起煎,基本可以保证生煎到了你也坐到座位。生煎皮厚馅大,咬开一小口,会有一点点鲜香沁人的汁液,里面的一坨肉不干不湿还带着一点甜味。现在许多人夸赞某某生煎好吃:"一咬一包汤。"我却觉得这种用一块肉皮冻赢得的口碑,实在有点庸脂俗粉般的轻薄。

"大壶春"曾经消失多年。那一段日子,我与妹妹颇有一点"曾经沧海难为水,除却巫山不是云"般的失落。好几次,听说哪里冒出来一个"小壶春",哪里又开出了一个"大壶春",我们都不吝脚力,可惜再也找不回当年滋味。我的青春小鸟一样不回来,我的味蕾脾胃和心情也都变了,当年美味难道也成广陵散了?

最近,妹妹非常欣喜地告诉我云南路开了家"大壶春",接近当年滋味了。选了一个周末的下午,找到门面很小的它,是那条路上不多见的门口排长队的店家之一。队伍里大多是来寻旧梦的中老年人,一脸与年龄不太相衬的馋相,一边排队一边追忆当年26路终点站"大壶春"老店

○ 大壶春店内食客

盛况。其中一位说:"这家是正宗的,这里的生煎是正宗上海人做的,其他地方都是外地人做的。"这里的生煎师傅果然说上海话。这并不是地域偏见,本地特色的确只有本地人才能做出正宗味道。虽然店堂设置不合理,顾客自己拿生煎端汤,穿梭过人群,险象环生;虽然洗碗工穿睡衣干活,收银员半冷不热地嫌生意太好没得歇息……得承认,这里的生煎的确还是保留了当年的味道。

生煎是一种最大众的点心,可惜如今的街头小店里很少有令人满意的生煎,那一种敷衍的快捷倒是很符合当代特色。至于在酒楼宾馆尝到的生煎,在经历过一道道大菜之后,作为一道点心,与玲珑的小笼们比起来,显得粗鄙和油腻,酒足饭饱的人们很难再有胃纳去发掘它本质的美味。

心里明了,在最饥饿的年代、味蕾最敏感的时刻出现的美食,如同正当年华情感最旺盛的时候出现的人,永志不忘却也永不再现。

觅食推荐

大壶春

地址:黄浦区云南南路71号(近金陵东路)

店里卖的小吃很简单,只有三个品种:生煎、咖喱牛肉汤、双档汤。和一般生煎不同的特色有两处:半发酵的生煎皮很厚,有点黏牙;生煎的捏口褶皱向上,好像一朵玫瑰花。它不像其他生煎那样,靠皮薄、一口咬到汤取胜。大壶春肉馅用料好,绝不松散,只是非常甜。底发黄不是很焦,更受老派上海人欢迎。

另外,大壶春在大世界的邻居"翠芝斋",也一并到了云南南路上。吃完生煎,我常去翠芝斋买正宗的麻油绿豆糕、提浆枣元饼。

东泰祥生煎馒头馆
地址：卢湾区复兴中路217号

　　东泰祥生煎褶皱捏口向下，面是光白圆滑的，大大的黑芝麻撒在上面相当显眼。面上的皮薄，能够让人一口咬到汤。请注意吃生煎时烫到"天花板"（上腭）。而底子的面皮厚，使得焦黄的底板耐得煎。这家生煎的底板很美味，像是烘得略焦的面包片，咬起来松软焦脆有质感。东泰祥生煎整体不油，外表看起来干爽。

　　值得推荐的还有这里的馄饨，满满一碗相当有诚意，上好骨头汤做底，加蛋皮丝不加紫菜，清爽醇香。搭配生煎，实在是经典的。

No.9

我就是我

锅贴之辨

No.9 我就是我 锅贴之辨

上海的锅贴在外很出名，挂的牌子比"上海生煎"还多。澳门大三巴前的小巷里都有招牌"上海锅贴"，我看了看，没敢买，哪里有锅贴不躺在锅子里的道理？！

很难和外人说清上海锅贴的特色来，它不是生煎的玉体卧姿版，不是北方饺子下锅油煎一下便是的。老北京的小吃中也有"锅贴"一味，以护国寺庙会和西安市场的出名。锅贴捏成月牙形，用油烙得外黄底脆，皮薄馅大。但此锅贴两端不封口，馅儿隐隐约约犹抱琵琶半遮面，所以还是和上海锅贴不同。

最可气的是，在上海四处开花的台式连锁点心店，常常会打出"特色锅贴"的名头，但那"特色锅贴"比"油煎饺子"更离谱，是日本式的圆柱状煎饺。

很多人会把日本的煎饺和上海的锅贴等同起来，令上海人难以接受。已嫁到日本的上海姑娘 Angelica 说："完全不同。日本的煎饺是先蒸后煎的，上海锅贴可是生着煎的。日本的煎饺干，上海锅贴里有汤汁。"周作人说中国人"到日本去吃无论什么都不大成问题。有些东西可以与故乡的什么相比，有些又即是中国某处的什么"。但作为土生土长的上海姑娘，Angelica 心目中上海锅贴没有日本兄弟姐妹。她的夫家是移民日本多年的上海人家，跟着公公婆婆刻苦钻研，Angelica 已经成功地在横滨试验出了很多锅"上海锅贴"，深得夫家喜爱。

Angelica 提供的家庭自制锅贴步骤：面粉加开水和成面团，在冰箱放两三个小时，这样可以使锅贴的皮有韧劲。把醒过了的面团揉匀揉透后搓条摘成剂子，用擀面杖擀圆。肉糜加盐、糖、味精、黄酒、葱姜汁、洋葱和少许清水搅匀成馅，包入皮内捏拢成月牙形。平底锅加旺火，加油，将锅贴下锅煎 5 分钟左右，一定

○ 章氏锅贴

要记得加适量的清水再盖上锅盖。继续煎10分钟左右,再将平底锅转动续煎数分钟。等锅贴底变浅褐色就可以出锅了。吃的时候配上醋。

上海锅贴是全封口的,形如新月,颜色焦黄,贴锅底处更深一些。口感和生煎全然不同,它是脆嫩的,比有块底板当不倒翁底盘的生煎更容易戳破。锅贴不讲究咬下一口便能吸出一包汤来,那是生煎的噱头。它更具尤物特色,有腰、有臀,但皆轻盈。臀部略焦硬,腰部则绵软且浸润了肉汁,肉馅松爽多汁浑然一体,不会是汤汁泄尽后仅存孤单单一枚肉丸。

锅贴的皮不能太薄,薄了没质感,又不是上海隔了夜的油煎馄饨;也不可太厚,一坨死面油煎后实在难咽。这样的尤物不可以回锅热了再热、煎了再煎,所以我买锅贴从来选最美味最热闹的点心店,一锅出来数分钟告罄,吃准"最好的时光"。

很奇怪的是,在上海,生煎分子和锅贴分子暗暗较劲,私底下水火不容。锅贴热爱分子说:"这个就是表示忠诚呀,不然怎么可以叫热爱啊!"同中有异,才是各自拥趸的眼中钉,竞争死敌。尤其是锅贴分子,似乎更敏感脆弱,坚决地和生煎划清界限,或许这是因为生煎的知名度更高更强势些。我经常看到小菜场门口支着大铁锅,半锅生煎半锅锅贴泾渭不分明,通常这样搭配着想实现双赢的摊头,卖的锅贴都特别难吃。

　　锅贴在上海多是猪肉馅的,但若是行到鲁迅公园附近,却可以去吃一客伊斯兰餐厅的牛肉锅贴。这是我中学时代,全体学生钟爱的美味啊。中午,出校门入花花世界,跑去那里堂吃牛肉锅贴当午餐,很奢侈的一顿饭哦,比小弄堂里买生煎要贵一倍价钱。若是放学后学生会干活搞到很晚,搞团工作的老师有时会请客,我们可以很豪气地买上两斤牛肉锅贴,把油渍渍的牛皮纸袋撑得极满,然后在空荡荡的教室里,坐在课桌台板上,几个人凑在一起吃得油汁涂满夕阳。

〉〉20世纪二三十年代,南京人在上海开教门馆,卖的点心中有生煎包子、牛肉锅贴、牛肉面等,尤以牛肉锅贴最受欢迎,价廉物美。教门馆在中午十二点左右还特别供应几锅牛肉包子锅贴,馅和皮子都加多。1935年的《人生旬刊》里提及上海的天津馆子,说到片儿汤、大炉面、炸酱面等,"此外还有锅贴,比上海人吃的油煎馄饨大些,每件约一二分大洋,以前六合居煮的,最为出色"。"锅贴"便是在这段时期,渐渐从北方来到上海,慢慢形成上海特色的吧。

○ 穆斯林饮食店的锅贴　　　　　　　　　　　　　　○ 伊斯兰餐厅锅贴生坯

我所知道的上海锅贴

Blue | 记者，时髦分子，好吃分子

作为一个真正热爱锅贴的人，我从不指望在上海任何正餐餐厅吃到口味正宗的锅贴，菜单上写着"锅贴"，端出来的一定是煎饺！追根溯源，锅贴可算饺子的堂弟，但人家锅贴是坚持生坯下锅，不光用油，还要用水，洗桑拿一般"蒸腾"几个来回才成为熟物，所以锅贴吃到嘴里皮子有股僵感。

在上海，要吃到口味正宗的锅贴一定得拜访那些藏匿于街角、弄堂口的点心铺，他们通常很专心，只贩卖一两种食物。卖锅贴的会遵循混搭风邀生煎来搞个煎吷双拼，不会跨界到葱油饼。上海的锅贴不是全天候供应的，很少听说锅贴能像虾饺、蛋挞之流，又能当早饭还能兼顾午茶、夜宵、零嘴。通常只能在早晚两市吃到，过了时间，那些讲究行业操守的锅贴摊主只会卖给你冷掉的，或被热锅烘干了汤汁的过气锅贴。

据说这个城市大部分锅贴是在早上6点至9点集体阵亡的，一起去死的还有豆浆、咖喱牛肉汤和绉纱小馄饨。下午3点到6点，那是上海人吃点心时间，等同于外国人推崇的 tea time，另一些锅贴则在这个时候一两一两被谋杀掉。要说说那些命运不济的家伙，出了平底大铁锅，锅贴四兄弟（上海的锅贴大都四只起卖）本以为可以躺在搪瓷盘里，等着喝口镇江香醋从容地去投胎，不想半路被抄入一只油纸袋，然后一个接一个被拎出来当街吃掉，一肚皮的烫口又粘唇的肉汁也洒了一路。我想说，它们好歹还是遇上了一个会吃的主，人家没用一次性筷子戳得你浑身喷汁。小时候我最喜欢的锅贴来自建国西路太原路附近的一家饮食店，每次都吃得一手肉汁。

锅贴是草根气十足的上海小吃，相比之下小笼好算坐格子间的小白领了，今天的上海处在一个对草根食物不怎么宽容的时代，我已经开始退而求其次考虑去那些国营面孔的饮食店或私家招牌的点心店寻一客口味正宗的锅贴。有时候还算有惊喜，比如襄阳路长乐路路口的无名点心铺，又比如复兴中路瑞金二路路口的"北万新"，还有文庙附近毗邻梦花街的无名饮食店。但以上人家出品通常没有

保障,撞大运一般冲过去,好彩赶上一锅因师傅好心情,肉馅、肉皮冻调配比例正确,且没有在炉火上搁置太久的锅贴。坚决拒绝某些连锁经营的锅贴专营店,拜托,他们卖的还是煎饺!

觅食推荐

北万新
地址:卢湾区瑞金二路111号(近复兴中路)

　　上海点心店做生煎的比做锅贴的多,这家北万新只做锅贴不卖生煎。鲜肉锅贴包得小巧玲珑,皮的厚度刚好。坐在小店铺里,要二两锅贴,来碗嫩嫩的油豆腐线粉汤,甚美味。

　　北万新有名的还有鲜肉中包,非常地道的上海肉包滋味,面发得好,肉馅不添加外地人做肉包时加的大葱小葱甚至酱油损害纯味。包子的内褥与肉馅间隔着一包汤,肉馅可是完整独立富有弹性的,略甜。

伊斯兰餐厅
地址:虹口区四川北路2035号

　　很多地方都会做个头颇大的牛肉煎包,里面馅料基本没有牛肉,只能略略吃出一坨咖喱粉团,不知夹杂了些什么。伊斯兰餐厅的牛肉锅贴还是有品质保证的,吃得出牛气鲜汁。锅贴一两四个,用青花瓷盘盛出来,好似狭长的杨柳眉。

　　多少年过去了,这里的师傅估计也换人了吧。皮子水准还要努力,但牛肉馅料的配方还是没有变的。这里的红烧牛肉面上浇的牛肉块料也用得好,不唬人。牛肉还可以外卖。

No.10 生活的本来面目 鲜奶小方

No.10 生活的本来面目 — 鲜奶小方

多少上海经典美食消失、走样，但总还有实力派的红宝石鲜奶小方可以投靠。

阳光正好的下午，我们看着这些素面朝天的鲜奶小方，整列整排，密密麻麻、底气十足地陈列在玻璃柜中。壮观。

丝毫没有谄媚我们的意思，它们四四方方得很拙朴，雪白的鲜奶油，顶着一星半点红樱桃。

看不起鲜奶小方纯朴模样的人，第一口入嘴，立刻醍醐灌顶。鲜奶小方要的就是这样一种让人后悔"有眼不识泰山"感，而它自己超脱、淡定。奶油入口微凉，瞬间在唇舌间融化，奶香扑鼻，爽滑如丝绸，清冽不腻，好像在吃云朵。底下浅黄的蛋糕松软，含着水色，湿湿的，中间夹着些许浅黄色的菠萝碎粒。

鲜奶用的是动物奶油，加水和糖打发出来。如此美味却难以保存，要低温，不易造型，不能做成漂亮的普通鲜奶蛋糕，只适合吃下肚。无上美味，乃如此简单。

卖这些鲜奶小方的阿姨们心情也很好，有点骄傲，守着那么多"红宝石"，哪里愁生意不好，哪里愁卖不掉。她们穿着和粉红色与白色相间的制服，戴着奶油味十足的帽子，手脚麻利地装盒，顺便狠狠瞪客人一眼："不许拍照！"

到了下午，一批批的鲜奶小方即告售罄。除了鲜奶小方，也做"鲜奶蛋糕"，同样样式朴素，却屡屡在婚宴、寿筵上博得扎实的夸赞。

每个小孩，拥有鲜奶小方比冰淇淋更细滑冰凉清甜的味觉体验后，从"红宝石"处学会了分辨鲜奶油与麦淇淋的区别：

当雪糕卖 5 分钱一根时，上海零星散布的小型食品店偶然也卖蛋糕，过节时花团锦簇地摆满又大又圆纸盒装的"奶油蛋糕"。

那是挺括硬实的植物乳脂,又叫麦淇淋。麦淇淋是困难年代的替代物,好似巧克力用代可可脂,味同嚼蜡。而上海人把用真正动物乳脂制成的奶油做的蛋糕叫做"鲜奶蛋糕"。"红宝石"长时间以来是小孩记牢"鲜奶油"的标志。

至今,华山路上的这家红宝石,人潮涌动,用浅蓝色的长方形塑料箱,像装载其他面包蛋糕一样运送娇嫩无比的鲜奶小方。丝毫不矜持,一箱箱卖得飞快。

店堂里提供咖啡,但无雅座。10元钱一份的咖啡,有着85摄氏度刚刚好的口感,配上满满一杯浓得发稠的奶精,相当有诚意。堂吃鲜奶小方,会给送上一把造型独特的不锈钢叉,专吃蛋糕用的。

这样的鲜奶小方,西方世界是没有的,西天圣土只怕也没有。

〉〉"红宝石"创于1986年,老板是圣约翰大学毕业的,在英国加入英国国籍后回到上海,开了这家店。它的历史并不像有些人想象的,可追溯到20世纪殖民时期的老上海,但它的确秉承了一些往日情怀。圣约翰大学留在上海的毕业生们,年迈后仍坚持咖啡聚会,聚会的地点有一个便是"红宝石"。

娇贵一身

吕正
访员、城市观察员，现任文学杂志编辑

上海西点？除了鲜奶小方和拿破仑都太甜！这些甜到无耻的上海西点全部需要配上涩涩的上海咖啡。当然，红宝石鲜奶小方也是可以配上咖啡的，有了咖啡，口腹之欲就有了精神层面上的升华。

记得很小的时候就有红宝石鲜奶小方吃了，总觉得放在橱窗里整排整排的鲜奶小方好像一群小兔子。鲜奶小方吃起来很神奇，有人会先吃下一层，夹在中间的奶油是带菠萝粒的。也有人很无耻地啊呜一口就吧小兔子吃掉了。

鲜奶小方很娇贵，需要冷藏。但你要真在冰箱里放一晚上，第二天你会发现它瘦了，和大闸蟹一样。鲜奶小方的娇贵还表现在直到今天，阿姨永远是给你很不经碰的塑料盒子装的。所以，第一个从盒子里取鲜奶小方的人需要勇气。亦有人家，像我妈，会带塑料盒子去装。最爽的吃法就是用调羹碰着盒子挖。做上海色拉的时候还可以特意去红宝石买他们的鲜奶杯，调在色拉里补充一部分色拉酱，味道很特别。

现在，我依然说不清楚为什么鲜奶小方的奶油格外好吃，带有掼奶油的香气，但又不是简单的稀奶油。我也不打算知道这个秘密的答案，那样或许我对鲜奶小方的感情会索然无味。

觅食推荐

红宝石

地址：静安区华山路375号（静安宾馆对面）

全名叫做"中英合作红宝石食品有限公司"，外观是红白相间的条子，格局一直没大变化。"红宝石"得名或许与鲜奶小方一片雪白鲜奶油上顶半粒红樱桃有关？鲜奶小方是镇店之宝，栗子蛋糕、水果蛋糕料也足。

华山路的红宝石每天早上有超值的早餐组合提供。中午时分提供西式套餐，价廉物美，整个店堂飘着浓浓的咖喱鸡块、乡下浓汤、炸猪排的香味，馋死人。上海人叫作吃"公司菜"。

每天到晚上整6点，这里的西点六折出售。

No.11 鲜肉月饼

火热的队伍

No.11 火热的队伍
鲜肉月饼

当我小心翼翼捧着从真老大房烘箱里刚出来的鲜肉月饼，试图咬开第一口，边上有外地大婶卷着舌头惊讶地问："这馒头怎么焦掉了？"

……捧着月饼僵在那儿，这话真是雷得我外焦里嫩啊！

中国很大，许多人从来没有吃过烫嘴的月饼，许多人认为不是甜的月饼不伦不类恶心到要吐。等到他们真的吃过上海的鲜肉月饼，说味道很好啊，就是怎么都不像月饼，这分明是酥皮包鲜肉！

谁规定月饼必须是面粉加碱水和糖做成饼皮，包裹添加许多防腐剂冷冷的甜馅？谁规定月饼必得矫揉造作地躺进大盒子里的小盒子，像流动锦旗一样被送来送去？卖得贼贵的月饼，貌似都是粤式的。我从小看到那五仁啦百果啦火腿啦，就很想拿来砸人！最恨吃那种鬼甜鬼硬鬼复杂的东西。

那些粤式月饼是用来消化人情债的，上海人家真正爱的是新鲜热乎的苏式鲜肉月饼，那才是真正的用来吃的节庆美食。酥皮层多入口即溶，而那块肉紧实个大完整汁多，肉馅与酥皮层之间被肉汁浸濡，格外鲜湿多情，吃完很满足。这枚月饼，不能存放很久，也带不出城去，所以想吃的话，要趁早趁热。

鲜肉月饼在中秋节前后，令上海各街道有不小的喧哗与骚动。忽然之间，就发现每天路过的店门口排起长队，连家得利超市都没放过。最汹涌的是两条马路：淮海中路与南京东路。淮海中路上的鲜肉月饼，普遍比南京东路整条街上的鲜肉月饼便宜一点。

天气渐凉时，淮海中路食品店门口总有那么多人排队买刚出炉的鲜肉月饼。思南路那站上来的女人，手里经常捏一个油腻腻的牛皮纸袋，装着一只热烘烘的鲜肉月饼，香一车子！

等到了中秋那天下班去买,已是硝烟过后:先等长春食品商店的,排队一小阵子后告诉我卖完了,众人鸟兽散。隔壁哈尔滨食品厂还在卖,方形的,一看就是烘箱里拥挤出来的效果,又没抢到!街对面光明邨也在排队,每个排队的人一买就是60枚——完全不给后面的人活路!

南京东路的队伍更是全面开花,等不到天黑就散场。真老大房门口买鲜肉月饼的队伍一直排到砖弯马路上,堵塞数条弄堂出口。挤到前面,看个近景,上书"鲜肉月饼,每人限购四盒",阿姨爷叔一个个高擎粉红色百元大钞硬往柜台里塞,100元,就是金灿灿热烘烘的40枚!三阳南货店、沈大成、食品一店……抢到月饼的人迫不及待地挤出队伍咬起来,余下的人,空望着沾满碎屑的蓝色塑料格与点钞票的白大褂阿姨。

排一两个小时的队,抢回鲜肉月饼一家分享,这才是上海最好季节里的月饼节。

追忆一下,上海昆剧团食堂还存在时,每年中秋这天的午餐是场盛宴。小食堂里人声鼎沸,我们排队领一大袋煮熟的芋艿毛豆、一小杯雪碧或啤酒。盒饭用的还是往常的盒子,里面却塞有硕大的酱鸭腿、甜蜜蜜的油爆虾、一小撮

○ 光明邨排队买月饼

鱼香肉丝……万万不可少的还有深埋其间的鲜肉月饼一枚!

这样优渥的福利午餐一年只此一天,全年那么多节日,单单挑上了圆圆的中秋节。

〉〉月饼在北宋时期开始流行,苏轼咏过"小饼如嚼月,中有酥和饴",可见那月饼的皮子用油酥与白面,更接近苏式月饼做法。清嘉庆《淞南乐府》提及上海高桥月饼:"月饼饱装桃肉馅。"上海长期以来都是苏式月饼行天下,直到20世纪30年代杏花楼受到欢迎,才令粤式月饼立稳脚跟。近年的粤式月饼乃至冰皮月饼的热潮,归根到底是因为商业味浓的月饼高价礼品化。上海的鲜肉月饼属高桥式,高桥食品厂的鲜肉月饼拿过大奖。淮海中路哈尔滨食品厂门口现做现卖的就叫"高桥牌"鲜肉月饼。

〉〉鲜肉月饼各家区别很小。有的是方形的,有的是圆形的,区别在于码放是否拥挤。有的肉馅里有酱油,有的没有。传统的鲜肉月饼是放在平底锅里煎的,要拿小铲子一个个不断翻面,特别可爱。有些人觉得烘箱烘出的鲜肉月饼滋味不如锅出的,月饼师傅说:"这是偏见。烘箱烘出来的更均匀呢!"在上海,除了鲜肉月饼,三阳南货店的宁式苔菜月饼、功德林的玫瑰细沙净素月饼、翠文斋的提浆黑麻月饼,皆别具风味。

○ 老大房鲜肉月饼

○ 上海昆剧团中秋节超值盒饭

最窝心的月饼

阿冬
文字技术工人

有些食物,提醒着我们一年四季的流传。并没有那样正式,要提高到春晚不厌其烦强调的地步,然而到了差不多的时间,便发现街上人人都在吃,默默维系着这一种传统。

譬如清明时节的青团,端午前后的粽子,重阳必食的糕团,还有秋风起时的鲜肉月饼。

苏式月饼好似总没有广式那般"登大雅之堂",亦推广不到全国各地,因为要现做现吃。它的身价也始终高不起来,两三元一个。最宜的是临时起兴买一只,就那样捧着纸袋一路走一路用手接掉下来的碎屑。

酥皮就是有这点不好,吃起来屑屑碎碎掉不停,所以总是掉在马路上比较好。

鲜肉月饼现在花头也很多,譬如椒盐的,或者放鲜贝,我总是固守最传统的鲜肉。因为鲜肉月饼最窝心的,是咬开后那一汪热油,衬得那肉特别地鲜。此时不免有点手忙脚乱,怕油沾到身上,然而热腾腾一只下去,掏出纸巾擦手的一瞬,只觉得天地美好,人生幸福,油与热量皆不成为问题。

上海做鲜肉月饼出名的也有好几家,我常吃的是长春食品商店与光明邨大酒家的,因为近。这种小食,特地山长水远去吃仿佛有点过于隆重。这两家的肉馅都特别紧实,如此便成功了一大半;酥皮也发得好,不会僵不会软,故而门口永远起码30人的长队,一买60只(这是上限,不能再多买了),回去分送亲朋好友。

○ 长春食品厂装鲜肉月饼的油纸袋

上班时一路走过来,看到食品店门口有男有女,有老有少,都静默等待着吃好吃的,便觉"现世安稳,岁月静好",生活有滋味。光明邨中秋前后要开四个锅烘鲜肉月饼,师傅不时掀开盖子,把满满一锅月饼逐个翻身，个个面上都戳了小小的红字，隔了玻璃窗看，都能觉得那份喜气洋洋。

天天在光明邨门口排队买酱鸭熏鱼的阿姨老伯们，冬天在长春食品商店等待买了核桃芝麻粉回家进补的师奶和中年男人，都能叫我感受到沉默却努力生活着的市民社会。

夏末初秋时，突然就发冷了，路旁的梧桐树摇得哗啦啦响；或者下午三点就暗如薄暮，下班时分突然下起细雨。紧一紧身上的薄外套，跳进老式食品店买一只鲜肉月饼，一边吃一边在站台上等车，一点热暖在心头，这感动虽然便宜，却绝不廉价。

觅食推荐

长春食品商店
地址：黄浦区淮海中路615号（近思南路）

现制现卖鲜肉月饼、干贝鲜肉月饼、豆沙月饼……品种丰富，每次路过都想跳车去买一枚捧手心。打的旗号是"长春食品商店自制"，月饼的生坯堆在角落，装月饼的牛皮纸袋迎风招展，当场看师傅用大锅子烘熟月饼要有耐心，可是多有趣啊。

著名的镇店之宝还有熟食大红肠与芝麻核桃粉。

真老大房
地址：黄浦区南京东路536号（近福建中路）

上海有两家老大房，真老大房和西区老大房。真老大房的鲜肉月饼牌子响，地段好，排队能排几百米。买到的鲜肉月饼是半圆形的，如蛋壳般隆起酥皮，金灿灿的，不似别家白乎乎的扁圆。

老字号的真老大房原来以卖苏式糕点为特色，已有百年历史。现在也还按斤两称卖，没有任何包装，只是和父母买过几次，都是"回拧"（潮）掉的。

No.12 落地珠散玉碎
蟹壳黄

蟹壳黄

No.12 落地珠散玉碎

已香消玉殒的李媛媛眉眼之间风情万种，演旧上海名媛最是风华绝代。她的成名剧《上海的早晨》改编自周而复先生的名著，讲的是建国初上海"三反五反"、"公私合营"的往事。小学五年级看这小说，记牢了资本家聚会点的烟熏鲳鱼、大太太二太太吃的乔家栅芝麻汤团……还有女共产党员到三太太家做思想工作时，仆人老王"送进来一盘蟹壳黄和两杯浓香扑鼻的咖啡，放在玻璃的小圆桌子上"。

小说拍成电视剧，蟹壳黄的细节没删减，用孔雀蓝碟子装了四枚郑重其事端上。李媛媛还借这撒满芝麻烘得黄中带焦的蟹壳黄特写，回忆起如何从穷苦女工变成三太太的前尘往事。回忆画面里，那一句意外欣喜的"蟹壳黄"特意用了上海话念出，尤其嗲糯，喷喷香。

蟹壳黄配咖啡，这是上海中产阶级的情调，属于上海特有的搭配，中西交融，既高雅又市井。

小说注释："蟹壳黄即烧饼"。不确切得好似将玛丽莲·梦露单单注释成一句"外国女人"。蟹壳黄源自苏北淮扬，和江苏泰兴黄桥镇的黄桥烧饼是一个种。名称得自于饼面微微隆起，颜色好似蒸熟了的螃蟹，不是红得发亮的那种，而是橙黄色的蟹壳。它的个头比普通烧饼小巧玲珑得多，有叫"一口酥"蟹壳黄的，胃口小的女孩子一气也能吃几个。

张爱玲的《小团圆》里写九莉："这天晚上在月下去买蟹壳黄，穿着件紧窄的紫花布短旗袍，直柳柳的身子，半卷的长发。烧饼摊上的山东人不免多看了她两眼，摸不清是什么路数。"旗袍配蟹壳黄，上海女人与山东男人，配也不配？

蟹壳黄恰当地体现了淮扬点心"蓬松与柔韧相辅，酥脆与绵软对成"的精致妩媚,吃起来细腻而不油腻,最得上海人欢心。每次吃蟹壳黄,我都要非常当心,免得芝麻与酥层雪花般落下,一边吃一边心疼。

　　印象最牢的最近一次吃蟹壳黄,不是摊头上买的,而是上海女孩子亲手做的。汶川大地震发生后,上海网上论坛烘焙群里的年轻人发起"烘焙点心义卖"活动。参加活动的志愿者都是年轻女孩,地点选在南京西路梅龙镇对面弄堂里一家小众咖啡馆。那天下大雨,我撑伞摸进水彩画般的弄堂,在昏暗的光线下,埋在一大堆琳琅满目的漂亮点心堆里抢购。这些点心的包装袋都是各位心灵手巧的美女们自己准备的,贴有统一的爱心黏纸标签。在一大堆巧克力泡芙、奶油曲奇、黄桃派、酸奶蛋糕中,我的鼻子被一股浓烈的香味吸引住了,这香气非常质朴而中国,混合了芝麻香、麦粉香、酥油焦香、葱香……

　　真的是闻香识美"饼",一盒四个蟹壳黄乖乖地待在点心堆最下层,露出小半张脸来。我立马翻出来买回家去。在我爸爸边看电视直播新闻边抹眼泪的时候,大家一起来吃这样入口即化、酥层可以用迷人来形容的蟹壳黄,心里充满感激。名叫"许多钱的妈妈"的上海烘焙爱好者做的蟹壳黄,是我吃过最感动人的。

〉〉据说蟹壳黄该是一两四只,大了反而不宜。一般油酥猪油加酵面作坯分成扁圆的小剂子,贴上芝麻,传统做法是贴在立式烘炉壁上烘烤的。

一个"85后"对蟹壳黄的讲究

> **黄天然**
> 念的是环境艺术专业,目前职业是会展设计

我很爱吃蟹壳黄,一口气好吃五个!蟹壳黄口感层次丰富,又不像大饼那样一吃就饱。有段时间,大概在我十三四岁时,每周末早上都去买蟹壳黄配豆浆吃。(当时这位馋嘴的小朋友还是跳《天鹅湖》芭蕾舞的好苗子!)

我觉得蟹壳黄要好吃不是那么容易的。首先一定要酥脆,但酥皮不能够一咬就散落。蟹壳黄分甜咸两种。甜的蟹壳黄要吃起来满口芝麻香,咀嚼时不可有粗糙硌牙的砂糖颗粒口感,里面的糖水不能烤到干。要做到糖水滋出来,恰好将融未融地化在了酥皮里,但不至于湿到让饼没有骨子。

咸的蟹壳黄要吃起来猪油香和葱香并存,还可以吃到一口湿软的小葱白段。

还有一点对我来说很重要,就是有味道的那层要不偏不倚在正中间。最理想的状态是芝麻的那层与底边那层到达中间的距离一样!否则口感差好多!

蟹壳黄这种点心,那些来头很大名气很响的店反而不如一些小摊小店做得美味。单位搬家前在西宫(指的是沪西工人文化宫)附近。那里有家"实惠点心店",卖的蟹壳黄很好吃,一元钱一个,热乎乎的。一杯咸豆浆+一只甜蟹壳黄,或一杯甜豆浆+一只咸蟹壳黄,是我常吃的早餐组合。生活有甜有咸味道才丰富。

○ 参加义卖的蟹壳黄

觅食推荐

吴苑饼家
地址：静安区延平路 255 号

上海滩传统老店，本来开在石门路威海路，后来因为房产开发拆迁，搬到了这里。虽然口味与品种变化很大，这里的蟹壳黄依旧是一些上海人喜欢的，至今仍有拥趸。吴苑饼家厉害的还有极长的营业时间，半夜凌晨总有灯火与夜宵守候夜归人。

实惠点心店
地址：普陀区曹杨路 520 号（沪西工人文化宫后门）

果真很实惠的价格，所以不要对环境与碗碟有太多要求。除了蟹壳黄，这里的咖喱饺和小笼包子也很有人气，还有鲜肉月饼卖。

○ 实惠点心店蟹壳黄配豆花

No.13 一觉香甜梦
不只是青团

No.13 一觉香甜梦 不只是青团

夏丏尊在《鲁迅翁杂忆》里说，强盗牌香烟和条头糕是鲁迅每夜必需的粮，斋夫摇寝铃前买好送进房间，周六夜里备得更富足。

有人说鲁迅爱吃甜食是留学时养成的习惯。可是和果子包装精美、名堂繁多，吃起来却没有我们的糯米糕团花样百出。鲁迅这样夜夜吃条头糕，竟然不腻，怕是需要童年时代就打下的胃底子吧。他是浙江绍兴人，江浙一带正是又甜又糯的糕团占领区。

这些糕团，冷的时候若也又细又软，那是因为糯米掺了其他。纯糯米糕团，老老实实地冷硬如蜡，连光泽都像蜡。加热后，滚烫瘫软，缠缠绵绵。想那更软腻的馅料，又需怎样技巧才能填入火热的粉团中。

现在上海糕团店和弄堂一起大量消逝，我小时候却还能吃到家人每天换着花样买来的糕团做早点。

条头糕。鲁迅吃的大概也是细沙条头糕吧，或许也撒上晒干的桂花。裹了豆沙的糯米团揉成长条，用刀切成一段一段，两端均不收口，两端都能看到赤褐色内馅。上海话"文章像条头糕"指文章写得条条杠杠，谈家桢曾用"总而不综，薄而不博，奶油蛋糕，卖条头糕"概括综合性大学的不足，他是浙江宁波人。

金团。现在已不多见。形状像扁扁的圆饼，还要用模子阴刻出龙凤图案，极软，需要小心地摊在手掌捧起来。外面粘裹的是金黄色的松花粉，里面包的是细沙。

方糕。这是我那讲究食物看起来清爽的妈妈买回家次数最多的。每次咬下，多多的流沙馅儿都抢着倾泻而出，流到手臂上，弄脏衣服。我更喜欢印着花纹的雪白外皮，有松糕的糙感与米香，还混杂着豆香。

双酿团。太有上海特色了,这是我奶奶最爱买回家的。糯米掺粳米做的薄皮子半透明,隐隐泛出一层暗赤色又一层烟灰色。薄皮底下流动一层细细豆沙,再隔一层皮,关住的是内心澎湃的黑洋酥……现在一些双酿团,是厚豆沙与干乎乎的芝麻糖粉搭配,以前能喷出墨汁般黑洋酥的双酿团真叫人怀念。

定胜糕总是成双的,好似两个口大底小的盆对底黏连,外表是鲜艳的粉红色。糕体用糯米粉加香米做成,细粒有点糙,内里有豆沙馅。"定胜"二字传说与南宋岳家军抗金有关。定胜糕的现代文化内涵更多样:上海人家乔迁要买定胜糕送街坊邻居。老人过世,丧家买定胜糕送前来吊唁的亲朋。至于考试、结婚、生日、祭祀……形形色色活动,定胜糕都可以参与。

以上所有这些都可以每天早饭时享用,你若高兴,就是没事买点定胜糕或寿桃团回去蒸蒸吃,也是全天候随便的。可是,青团不同。

青团是添了艾青或麦青的糯米粉

团,包着豆沙等馅儿,色如碧玉,吃起来有春的清香。青团是有节时的,过时不候。

清明时节雨纷纷时,上海人就在王家沙、绿杨村等传统老店前排起抢购青团的长龙来。团与团间容易黏连,所以刷上多多的油,猪油。不同品种的青团,你点粒瓜仁,我点粒松子,她点粒枸杞,好似不同点缀的啦啦队。营业员们收钱找零装袋,手脚麻利,眨眼间,热腾腾的新鲜青团一屉屉地卖光,队伍却是有增无减。

这些青团被扫墓的人带去祭拜,更多的则被开开心心地吃下肚。

青团受欢迎,求新的人便也创造出各种馅料,除豆沙外,还有枣泥。咸的口味就更复杂了,原本馄饨馅的鲜肉荠菜包入青团,三丁包子的馅成全了三丁青团,春天时鲜的马兰头打碎了包入青团,火腿、肉松、萝卜丝、咸蛋黄、咸菜、肉丝……无不可包。搞搞新意思!就这一点便看出上海糕团比日本和果子大胆得多。不过,最早卖光的始终是豆沙与枣泥馅。

照理来说,青团之青,应用艾叶,但上海点心店里普遍用的是麦青:麦叶和水打碎,加点石灰。而麦青过了时节就没了,所以,规矩店家过了清明便停卖青团。

真是青团如青春,君记取青春易逝,莫负良辰美景,蜜意幽情。

》》现在一些超市整年有青团供应,用保鲜塑料膜封起,六枚一盒。这样的青团加了防腐剂,放几个月都还是软的,吃起来皮有塑料味,颜色可疑地绿,完全不香。而不加防腐剂的糯米青团,冷了便发硬,现包现蒸,现做现吃,不能隔夜。

"糯米控"口水罗列

猪王子
设计师兼漫画作者

确切的时间不太记得了，只是小时候酒席临散，我总渴望有汤团、酒酿圆子、南瓜饼这些甜糯的点心压轴。等发现自己一看到那些糕团就想买时，我已经成长为不折不扣的"糯米控"。

因为长了一张白净的圆脸，眼睛又小了点，所以我同学曾有经典名言："远远地看到你举着根滚雪球走过来，好像三个糯米糍在移动……"

糯米糕团在上海，是和传统密切相关的。而我家在上海传统的市中心闹市区。

说起城隍庙，那是来上海旅游的人扎堆的地方。而另一个"庙"，文庙，却是上海人聚集的场所。

文庙这带在我心目中，是时髦玩意儿的流行地，手机挂件、公仔、明星贴纸都可以在这里淘到最新最多的款式。但是这里不是涩谷，也不是西门町，文庙实质上是拜孔夫子的庙，至今香火不断。又是上海图书杂志二渠道市场，每周日文庙设旧书交易市场，收费一元，风雨无阻，挤得人山人海。我最爱在这里淘漫画和艺术设计类书，比外头便宜齐全。

往往在文庙里涌进涌出大半天，饿了。出门是同样热闹的小吃摊，我不敢吃，每次都去大富贵，买糕团和赤豆羹，享受午饭。糕团通常是圆形的，对于圆形的食物，我通常都不知道该怎么下口，研究半天，找个地方咬下去……所以菱形的枣泥糕有棱有角，对我来说很容易下口。枣味非常浓郁，偶尔还可以吃到小小的松子和没有被完全搅碎的红枣。

从桂花年糕到桂花酒酿圆子，桂花和糯米如绯闻男女总出双入对。大富贵的桂花条头糕，糯米皮很筋道，一口咬下，皮还没破，豆沙馅就先溢了出来，口感很有层次。

糯米团吃多了，还可以买清爽口味的绿豆薄荷糕吃。豆子一粒粒，薄荷沥飕飕，很耐咀嚼，能吃一下午。

奇怪的是，为何我吃到的双酿团是咖啡味道的，虽然豆沙甜味和咖啡香味配合得很好，但难道不应该是豆沙和芝麻的么？

（然后，猪王子被我告知传统双酿团是豆沙和黑洋酥馅。黑洋酥原料是黑芝麻碾碎加糖加猪油，做成的馅液状流动。她立刻冲口而出："啊，好肥腻！"可是，我们真的就是这样"肥腻"地从小吃到大的。）

觅食推荐

王家沙

地址：静安区南京西路 805 号（近石门路）

王家沙糕团品种多，而且每到传统节令必掀抢购小高潮。只是生意太好，有时制作难维持水准。青团品种有豆沙、枣泥、马兰头、咸蛋黄豆沙、咸菜蛋黄、咸菜肉丝，旺时排队可排好几百米。最好趁热吃，冷了回锅蒸滋味两样。另有绿豆薄荷糕、梅花糕、枣泥糕等，价格不贵。

大富贵

地址：黄浦区中华路 1409 号（近复兴东路）

大富贵是文庙附近的百年老店，分小吃部和酒楼。小吃部的服务员是上海老阿姨，穿白大褂。桌子上列队桂花条头糕、双酿团、寿团、方糕、八宝饭……搭配的有汤里放蛋皮丝和虾皮的小馄饨，以及大碗价廉的赤豆羹，赤豆饱满，莲子软糯。

No.14

大牌存在的理由

蝴蝶酥

No.14 蝴蝶酥
大牌存在的理由

馋嘴这种事情，看来也有家族遗传。我妈小时候嘴也馋，某次幼儿园放学，看到边上小朋友在啃巧克力，眼红得不得了，缠着她叔公要。但是，她完全不了解这个咖啡色的固体小方块的学名，形容一番后，她叔公心领神会了。第二天，我妈胜利地得到了一小盒子——蜡笔，当她将信将疑地把咖啡色蜡笔放嘴里嚼后，哇啦啦大哭起来："不是这个，不是这个！"小孩子，不管哪个时代的，都对下午放学时犒劳的小点心很执著。蝴蝶酥就是下午用来磨牙的小点心。大人给她买的是"一定好"的蝴蝶酥，"一定好"是上海以前卖小点心很出名的食品厂，曾经开过许多家门市部。爸妈告诉我，他们小时候吃的蝴蝶酥是松的，一边吃一边酥层簌簌往下落，不像后来的蝴蝶酥硬如磐石。

等我长到向大人讨点心的年纪时，吃到的巧克力味道十分不靠谱，一些国产巧克力味同嚼蜡，根本可以直接当蜡笔在纸上画画（即便是代可可脂，也有质量优劣之分的呀）。后来我就学乖了，例如吃金币巧克力一定买儿童食品厂的，从小树立品牌意识。食品店柜台里的金币巧克力旁边，通常躺着一叠桃酥和一叠蝴蝶酥。蝴蝶酥上粘着颗粒粗大的糖粒，平板板的身形，淡寡寡的颜色。不容易啊，在我家楼下那个已随道路拓宽消失的奋发食品店里，一共才卖几种糕点啊，竟然也有蝴蝶酥的一席之地。

童年印象是，蝴蝶酥真的好硬啊！而且是从外层向里层一圈圈次第趋向坚硬的。我通常从最外层剥着吃，越接近中心酥油越少、奶香越淡、质地越硬。所以，哪怕是最贪嘴的小朋友，也对蝴蝶酥印象恶劣。

○ 哈尔滨食品厂蝴蝶酥

　　好吃的蝴蝶酥要黄油放得多,松脆酥,入口即化,不腻不干,甜味适中。但是蝴蝶酥通常都是店家自制的。一般西饼屋为了控制成本,舍不得放黄油,点心店里卖出来的流水线蝴蝶酥,时而吃到一口没有烘焙松脆的就很硌牙齿。连锁店更是偷工减料,令人发指。只有枝繁叶茂、功力深厚的国宾馆,才有实力做出料足工细的好西点。大酒店西饼屋外卖的蝴蝶酥,每一口都是很幸福的味道,浓浓奶香,一吃就知道料好味足。

　　天天表妹吃到国际饭店蝴蝶酥时,以狂喜的口吻汇报:"姐姐啊!那个蝴蝶酥太贵了,但也太好吃了。我一口气就是 16 元钱啊!"国际饭店的蝴蝶酥个头大,薄而脆,颜色金黄,仿佛黄油都要一滴一滴渗出来,几乎看不到粘的糖粒。我某次鬼使神差摸进新亚大酒店,误打误撞买了同样一袋五只的蝴蝶酥,黄油不像国际饭店的汪洋恣意,酥层却跌宕起伏得多,烤得精心,质感更胜一筹。

　　我问过很多长辈,都对蝴蝶酥不甚了解。蝴蝶酥也并非只在上海有,关于它的来历有好几种说法。有的说是京式点心,满汉全席那会儿就有。在上海卖京式糕点的"翠文斋"里,的确有大袋大袋的蝴蝶酥卖,但做得远不及大酒店的精致。有的则把蝴蝶酥纳入淮扬点心油酥面团类象形品种,写入了烹饪教材。而正在烘焙班热心学做西点的 fanfanyang 短信我告知:淮海中路玛莎英国食品店看到现做的蝴蝶酥,标明:"法式"。"凹成孙悟空头箍的形状!好大一个,看起来比上海国营面包房的松软点。"她母亲在葡萄牙里斯本的面包店里也见过蝴蝶酥。而我在香港洲际酒店吃自助早餐时,也看到了孙悟空头箍一样的蝴蝶酥,吃在嘴里的口感分明是个面包。

据我看,蝴蝶酥乃是法式西点在上海的混血改良。在法国,它叫做 Palmier,意思是棕榈树,让人想起戛纳电影节的金棕榈奖与法国人每天早晨吃的羊角面包——可颂。法国的蝴蝶酥——棕榈树包,比我们的厚,个头小,呈心形,吃起来照样悉悉索索往下掉碎片。静安面包房卖的小盒蝴蝶酥也有名气,个头不大,属于法式,但还是抵不上上海老牌大酒店下足料的加大版。那种诚心诚意、心满意足的甜蜜快感,富得流油,实在太罪恶了。

〉〉有人用素油做过蝴蝶酥,结果口感相去甚远。国际饭店的蝴蝶酥用黄油,面团放在摄氏零下三四度的冰箱里。为了把酥起好,得用擀面杖反复敲打碾压,铺糖。当然得注意不能碾压过头,否则酥层层次就差了。每只烤盘上放 12 只蝴蝶酥,烤 20 分钟,浓香四溢,黄油和糖与面团充分交合,一起绚丽地进入新境界。

〉〉请不要购买上海各家食品商店的蝴蝶酥,不论是开在南京东路赫赫有名的,还是开在低回角落连锁饼屋的。料不好,做工粗糙,而且受了潮。蝴蝶酥虽然不必吃滚烫的那一口,但也讲究现做新鲜。

○ 新亚大酒店里扛着蝴蝶酥的厨师

蝴蝶酥效应

芒果
公司职员

我以前从没见过蝴蝶酥,在娶了上海小美女后,跟着她一连吃过两次印象深刻的蝴蝶酥。

第一次,岳父下班后拎回一个白色的纸袋,冲我老婆说:"今朝我带了蝴蝶酥回来。"老婆笑眯眯地接过袋子说:"爸爸,是不是哈尔滨食品厂的?"岳父微笑点点头。老婆打开袋子,顿时一股奶油香扑面而来。"还是小辰光味道,爸爸就晓得我欢喜吃啥!"她满足地伸手拿来吃。我拿来一看,怎么不像蝴蝶么,分明是一颗爱心。是不是起名的师傅吃这个酥时在听化蝶的《梁祝》?

第二次,约老婆到南京西路的大光明电影院看电影。走过黄河路时看到国际饭店西饼屋,外貌像是20世纪80年代让人好放心的国营店。立刻想起老婆大人曾提起这家的蝴蝶酥不错,便进去买了一袋带进影院代替爆米花。电影院灯重亮起时,我们捏着个空塑料袋出来了,五只香香的蝴蝶酥就这么被我们一顿电影工夫消灭了!不愧是传说中上海前三甲的蝴蝶酥。

我的上海西点启蒙课,随恋爱萌芽。

老婆路过一次买一次,我呢,路过两次买一次。婚礼那天,长长的红鞭炮被盘成了大大的一颗心形,其实,真的很像甜蜜松香的蝴蝶酥呢。

国际饭店 PARK HOTEL 面包屋 DELI

NEW ASIA HOTEL
新亚大酒店

觅食推荐

国际饭店西饼屋
地址：黄浦区黄河路 28 号（近南京西路）

"24 层楼的国际饭店变成小弟弟"，这样的故事在童年时反复听大人提及。它曾是"远东第一高楼"，渐渐被蜂拥潮起的上海新式摩天大楼衬成了矮个子。可它还是那么有名，连小时侯学英文，也有"Park Hotel"这样的例句。国际饭店 1934 年开业，由匈牙利建筑师邬达克设计，邻近的大光明电影院也出自其手。2008 年被匈牙利称为"邬达克年"，曾在国际饭店举办邬达克建筑设计展。

国际饭店艳奇的故事太多，我们小时候上国际饭店买奶油蛋糕是很光荣的事情。那种奶油蛋糕，恐怕现在都快绝迹了吧。西点部开在黄河路边门处，被许多人誉为"上海最好吃的蝴蝶酥"是骄傲，要抢着赶早来买。蝴蝶酥一袋五只，大概是浸润了大量黄油的缘故，看起来比别家的颜色要黄，表面糖颗粒几乎不见。奶香、甜香是肯定的，质地偏柔软，酥层还不够丰富。有些人嫌它差口气，若再焦脆些更有趣味。

蝴蝶酥外，这里的朗姆排、酒醉蛋糕也是招牌。

新亚大酒店
地址：虹口区天潼路 422 号（近四川北路）

新亚大酒店建筑很有气势，是外滩建筑群向北的延伸，创始于 1934 年，曾在东南亚都是响当当的，上海人公认的喝广式早茶的地方。开在四川北路一侧、直接面向行人的是卖熟食熟菜的，节假日排很长的队。而卖点心的柜台开在酒店里，中式的招牌姜汁鲜肉包和西式的蝴蝶酥放在一起卖，这可是一个闪闪发光的处所啊。蝴蝶酥一袋五个，营业员相当自豪地冷冷地小声说："我们蝴蝶酥是上海最好吃的。"撒了糖，颜色不深，吃到口里才发觉：完美。黄油的润、糖粒的硬、酥层的脆，都可以在舌尖融合后，顺利地化在口中。

另，隔壁著名的邮电大楼，内有免费开放的邮政博物馆，建筑颇值得一览。

No.15 小身材大味道 油爆虾

No.15 油爆虾
小身材大味道

油爆虾色泽金红，是鲜甜的活肉。到了本帮菜馆，油爆虾通常都是必点。每个人都有自己爱的油爆虾馆子。

我小时候最爱读美食文章，牢牢记得萧丁先生真真声嘶力竭、七情上面地爱煞油爆虾呀！他老人家先在某报上狠狠表白："老正兴的油爆河虾，我称之为天下第一虾。我敢说，不论在上海，在全国，油爆虾唯有老正兴，除却巫山不是云。"紧接着，又在另一份报纸上看到他写："老正兴还有一个杰作，就是油爆虾。新鲜的河虾，又壮又大，个头均匀，没进过冰箱，诱人的红袍，还在吱吱作响，在虾身上起伏暴跳的油珠会使你忍不住立即伸出筷子。与众不同之处是其肉特别鲜嫩，香喷喷、甜咪咪、有回味。"

同治年间便成名的老正兴，曾经轰动一时的冒名盗版官司，已经离我们太远了。老正兴和老饭店比拼谁才是上海滩"油爆虾之王"的时代也已经过去。到它经历第三个世纪，免不了成为"国营饭店的腔调，土上辈们的选择"。今天还有年轻人会冲到老正兴吃盘价格不菲的油爆虾，已是对百年老店最好的褒奖。

如若投票"我心目中的油爆虾"，身边上海小囡几乎每一个都能报出自己心水的油爆虾在上海哪家饭店："兰亭啊！""瑞福园吧，158元一斤。""德兴馆的好，记得是甜而不腻、脆而不干、汁多肉细、湿而不油……""光明邨的油爆虾又便宜又好吃，每天外卖部门口排长队！"可见上海油爆虾已经走入多元化时代。

但也有挑剔的男生说："那个本帮的传统油爆虾，我不喜欢，婚宴冷菜里老有油爆虾，那个虾过油时间太长了，浪费食材。"但是，他话锋一转，"春餐厅的还可以，算保持了虾本身的味道。"这位小同志太会吃了，的确虽然每家有每家烧法，可上品的油爆虾下油锅讲求以秒计算，到底是18秒钟好还是30秒钟好，各家说法不一。油爆虾在菜单上多归入冷盘，其实旺火热油的，出锅后直接上桌当热菜吃也好啊，壳色如琉璃，外脆里嫩。

哪家油爆虾好吃？我妈最直接，MSN上冒出头回我老长一段："我做的油爆虾最好吃。活的草虾，下油锅变红后盛起。油倒干，锅内再放姜片、料酒、糖、生抽，烧滚，倒入虾，收干汁撒葱末。吃上去不油，很嫩。"我母系这一脉都很懂吃，我姑婆看我妈做了这道菜后说："很好，很正宗。"姑婆年轻时去了台湾，后来定居美国，油爆虾是她少女时代的上海美食记忆了。

油爆虾既是饭馆名菜，也是道家常小菜。上海人既爱饭馆里大油锅爆出的脆壳嫩肉，也爱家里小锅子烧的浓甜入味。会烧油爆虾是上海人家厨房的一门手艺：上海男小囡刘翔，腿伤期间也学会烧油爆虾了，让他妈妈大惊小怪了一番。

春末初夏时节，是我挑食的童年岁月里一段色彩斑斓的美食时光。碧绿生青的小豌豆上市了，颗粒饱满，连着豆荚盐水里煮熟，一大碗端上桌。色如胭脂白玉相间的虾总是和豌豆同时出现在饭桌上，同样一大碗。两样都是我大爱。但我不急着吃，而是饶有兴趣地把豆荚里的豌豆一排排挤到小碗里，先集结。至于那碗虾，挡头去壳之后，弹滑肉身收入碗中，积满一调羹再大口吃光光。古代统计打败多少敌人，以割下的耳朵数为计，我吃虾也搞统计，以留下的虾尾数清算。

壮观啊！八仙桌上，我横坐一方，面前排满鲜红色的一只又一只虾尾，弧度方向一致，间隔一致。一行排满，另起一行……

作为一枚幼儿园小朋友，我数数方面的启蒙很早，心算能力比较强，绝对和油爆虾的尾巴有关系！

豌豆和虾，浓翠嫣红，滋味皆清淡鲜甜。

不过，我很快学会了以舌头与牙齿替虾脱衣的口头功夫，隐而不见的暧昧替代了手指光明正大的动作，数虾尾的兴致就再也没有了：搞那么清楚干吗？

))立夏后，上海带子河虾进入盛发期，虾脑肥满，肉质弹牙。以前的人更有口福：郊区农民过去多捕来做面拖虾或老黄瓜烧虾。而在市区，油爆虾生意火热，河虾带子吃起来更加鲜美，那时南翔小笼包馅料里的虾仁也选用带子河虾。

))现在只知道烤鸭可以一鸭两吃或三吃，其实河虾也可以一虾两吃。活的河虾洗净后注入酒，覆碗，蘸腐乳酱吃，这叫呛虾，比醉虾更鲜活。吃了一半后，再把河虾拿去油爆，又是一味油爆虾。

○ 蘭心餐厅门口永远有等位的食客

春游时的骄傲

| 呐呐
| 公务员

油爆虾,本帮菜经典款,小而强大!

饭店里吃到的油爆虾,不少是基围虾做的。肉粗皮厚不入味,十分不招人待见。在我心目中,正宗的油爆虾应该是小小的河虾,整齐排列成扇形,旁边衬两朵绿油油的西兰花。虾粒粒金黄透明,泛着红妍,入口滋味甜甜的、脆脆的、香香的、鲜鲜的。

童年记忆中,油爆虾总是和春游联系在一起。学校组织春游的前一天,外婆一定会去买青色的小河虾,仔仔纸细地剪干净虾脚虾须,洗净后沥干。放入一大锅油,烧热后,把河虾放下去,只听滋的一声,虾壳就开始变红,等虾开始微微卷曲,外婆立刻手脚麻利地捞出来。重新起油锅,放一点点油,然后加入料酒、生抽、醋、葱姜,还有好多的糖,不断翻炒,等汤汁变浓稠了,放入炸好的河虾,再等虾变得红彤彤,吸饱酱汁,就可以出锅了。盛在盘子里,香气扑鼻,在一旁眼巴巴看着的我常常忍不住偷抓一粒往嘴巴里扔,只听见外婆在旁边担心地叫:"当心烫!"等虾凉了,外婆就用小铝饭盒给我装好,放进小书包里。第二天春游午餐时,我就骄傲地拿出来,邀请大家一同品尝,外脆里嫩,香甜可口,赢得赞誉无数。那个美味和得意呀,至今记忆忧新。这也是油爆虾最大的特色,无论作为热菜还是凉菜,它都一样美味。

油爆虾最美味的季节是春末夏初,只只脑满肠肥一手黄,那个季节只要吃本帮菜,它一定是必点的,也因此有幸吃到了不少改良版油爆虾,例如话梅油爆虾、陈皮油爆虾,甜酸不等,各有各精彩,反正怎么做都是心头好,因为它包含着童年愉快记忆和生命里隔不断的珍贵亲情。

○ 光明邨油爆虾

○ 上海老饭店油爆虾

○ 光明邨外卖油爆虾

○ 老正兴油爆虾

○ 锦江老夜上海油爆虾两吃

觅食推荐

老正兴菜馆

地址：黄浦区福州路556号（近浙江中路）

　　传统本帮菜馆老正兴来头很大，创于清同治元年（公元1862年），曾有"活鲜大王"之称。草头圈子和油爆虾历来是镇店之宝，与上海滩名人故事颇丰。当年"老正兴"名声赫赫，几乎成为本帮菜代名词，"xx老正兴"的招牌举目皆是。

　　老正兴的油爆虾拿过国家金牌奖，有"天下第一虾"之称。河虾的长须和虾脚剪得很干净，虾先过油后盛出，卤汁浓稠后把火调大，虾再次倒入后只翻颠几下。油爆出来的河虾的确很漂亮，饱满，闪闪发亮，壳肉自然分离，嫩而甜。

No.16
块肉余生
红烧肉与小排

No.16 块肉余生 红烧肉与小排

我小时候非常怕吃红烧肉，估计和丰子恺一样吃了肉就想吐。但丰子恺老先生是"三四岁以前，本来是要吃的，肥肉也要吃"，而我和他相反，长大后倒是什么都愿意送嘴里尝尝，但依旧害怕肥肉。

"外婆的红烧肉"，在我看来，是一个伪命题。我记忆里，外婆家是经常去住的，外婆总是和薄荷绿豆汤、山楂糕、小馄饨联系在一起，没有山海碗的红烧肉。

我所知道的上海人家里，单纯大块红烧肉待客的不多见，时常见到的是水笋烧肉或霉干菜烧肉，不能上台面。最令我反感的是把肉和豆制品一起炖：红烧肉烧油豆腐或百叶结，两种味道是相克的，尤其反胃。这样的大锅菜，看一眼已经餍足。从整锅子肉里挖一碗盛出来，吃不掉，热了又热，早中晚三餐霸占饭台，一直要从黄梅天吃过立秋去。此时，油已经熬离肉身灵魂出窍，柴而干瘪的肉块越缩越小，半明半暗地浮浮沉沉在那汪子油里。

这样的肉早已不新鲜，是贫寒人家的下饭工具，作用等同半条咸鱼、一块腐乳。要说大块吃肉，倒还是苏州特色的樱桃肉、酱方更合上海人口味，酥烂到一拍桌子，肉身轻轻颤抖，多多放糖。糖和盐一样，都是用来吊鲜味的，所谓"鲜甜"，甜了才能吃出鲜。但也要现做现吃，隔一天便风味丧尽。

上海菜馆的外婆红烧肉，是20世纪90年代初私营餐馆红火期的创作痕迹吧，颜色肮脏，而且统一改造成红烧肉煮鸡蛋，甚至虎皮蛋，与那时涌现的刻意渲染的老上海旧梦一样泛滥。红烧肉要好吃，要点很简单，选上好新鲜的肉，这是根本。那些以为把肉烧得几乎融化便合格，却连猪皮上毛都没拔净的菜馆，是滥竽充数。

除了"外婆红烧肉"外,一些本帮菜馆,又盲目地跟风"毛氏红烧肉",往红烧肉上堆同床异梦的尖红辣椒。端上来之后,客人们便心照不宣地要服务生下勺捞走辣椒,还不如直接撒塑料假辣椒,横竖只是装饰。

上海的"毛氏红烧肉"又常是荒腔走板的再创作。因为这些"毛氏红烧肉"无一不做得浓油赤酱,但家里开过酱油作坊的毛泽东吃菜有个特点:不放酱油。这款红烧肉是在油里放糖熬来挂色的。上海哪家馆子的红烧肉不放酱油?

萧丁在一篇美食画册序里写道:"烧菜善用调味品,糖酱姜葱酒,佐料样样有。特别是烧鱼烧肉,上海的一般家庭,要胜过早年北京的饭馆水平。"我以为,上海人家里开肉荤,红烧大排绝对比红烧肉上路子。我小时候外公就说过:"排骨就是肉,肉就是骨。"读书时候,学校里食堂才不做红烧肉呢,要吃肉就买份红烧排骨,还带着长长的葱。天天表妹结婚前夜,我舅舅上菜场豪气地采购了四五十块热气排骨,准备婚礼午餐流水席上让亲朋好友吃个痛快。电视剧《十六岁的花季》是在上海拍的,男主角韩小乐因为爸爸能为学校食堂提供物资,不用排队就能抢到大排,冲着抢到肉片的"情敌"得意地叫:"肉丝诚可贵,肉片价更高,若为大排故,两者皆可抛。"

○ 派克酒家红烧肉

糖醋小排更是上海主妇愿意拿上台面的私家菜,一些上海主妇能在家细细烧得瑰丽如宝。各地都有类似的糖醋与肉块之间的交融:京都排骨、咕咾肉、荔枝肉……吃起来都没上海糖醋小排肉质收得紧。糖醋小排没有那种油汪汪的饱满与热腾腾的镬气,冷傲得很,上海人家做糖醋小排加的是醋,没听说过用茄汁的。张爱玲形容"湘粤一带深目削颊的美人是糖醋排骨",长相符合此标准的梁咏琪在上海夜宴,点的冷菜包括:麻酱腰片、醇香醉鸡、炝黄瓜卷、虎皮素鹅、糟香白肉、美味海蜇,以及一碟糖醋小排。点菜水准不错,比上一缸子红烧肉有气质得多。

如果说红烧肉仿佛已入中年的妇人脸庞油气浮现,那么糖醋小排则是另一种耐人寻味的瘦削见骨妇人相。这两种肉,上海都有的吃;这两种女人,上海都看得见。

〉〉烧红烧肉时很多人习惯于先将肉块焯水去血沫,但按照写过《叶子的厨房红宝书》的张昕叶姑娘的说法,别焯水,否则肉块无法上糖色。油烧至三成热,倒入两勺白糖,小火慢慢熬成褐色糖液,然后倒入五花肉翻炒,再加入调料烧开,小火慢炖。不要多加水,不可以动不动就打开锅盖往里倒半碗水!和肉一起翻滚的是酒与老抽。

〉〉好吃的红烧肉,那层肉皮要烧得恰到好处,用上海话来说要"凝",肉皮得有弹性,不能毫无招架之力对牙齿缴械投降。一筷子戳下去,肉皮像豆腐一样破了,那就是火候过了头。

红烧肉不怕胖

项斯微
记者，青春文学作家

自以为热爱吃肉的我，初到上海其实被吓了一大跳。传说中爱用小碟小盘装菜的上海人在肉上仿佛特别豪放。食堂里肉圆是硕大的一个，我闻所未闻的"大排"以整块的面貌出现，是彻彻底底的大荤。而在习惯吃内脏和下水的成都，肉从来都是以片状或条状甚至渣状，和各色菜肴依偎在一起，就连水煮肉片也必须下面铺着数层莴笋叶子才算圆满。我一开始寻思这难道是猪都养到上海来了？后来才发现上海人的精明，至少是食堂师傅的精明：肉圆里混着淀粉，排骨表面也抹着淀粉。只有红烧肉，以绝世独立的姿势出现。在我心中，只有红烧肉才配得上彻底的"大荤"两个字。外出吃上海菜，我总喜欢点红烧肉，它成了检验一顿上海菜的唯一标准，若是没有它，便是"嘴巴里要淡出鸟来"。

追根溯源才发现，红烧肉其实全国各地都有。毛爷爷喜欢的湘式红烧肉没有浓厚的酱汁，里面有时候还要加葱丝，从来没有讨过我的欢喜。只有上海的红烧肉，放冰糖，其余什么配菜都没有，最多是加点蛋，罪恶到底。成都也有被叫做红烧肉的菜，但总是不够甜，总要加点土豆才算荤素均匀。东坡肉勉强有些红烧肉的神韵，但是又过于风雅，注重切下去的一整块纵横交错。文人和伟人都喜欢大荤，消化系统好。

"红烧肉最下饭了。"中年男人这样议论。所以每当食堂推出红烧肉，我总是急匆匆地把饭带回寝室吃，用那棕红色的酱汁淘饭，肥肉必定要连着皮吃。但是红烧肉也有个极大的缺点，往往才吃了几块，胃就整个被糊住。所以作为一个姑娘，热爱红烧肉并不是什么好事情。大概这也是上海的精明之处吧……一碗红烧肉上桌，其他荤菜也基本动不了几筷子，若是不幸吃到烧柴了的红烧肉，更是错错错，要从饭桌上连退三步了。作为一名一直生活在上海，却不打算与这个城市彻底融合的外省人，我也曾被几任上海男友带回家中，确实在饭桌上发现了红烧肉那美妙的踪影。但是很久以后我才知道，外婆家的红烧肉或者童年回忆这种事情并不贴切，对红烧肉和大闸蟹的喜爱多半被看做是外省人对上海的向往。真正的上海人显本事的家常菜往往是油爆虾或者烂糊肉丝。我一时间被搞糊涂了，但也从一块肉明白了自己的隔膜。上海女孩很少像我这样大块吃红烧肉，那是"要胖起来，以后就嫁不出去的"。

最近一次吃印象深刻的红烧肉，是新交的男友烧的，江苏人。他烧的糖醋排条确实一绝，没有油腻的挂汁但味道很正，就和他本人一样实在。但说实话红烧肉并没有我想象的那么好吃，没有圆苑那种饱满的黑色，也没有home's装在小坛子里拉丝的快感，充其量只是在他的糖醋排条基础上少了一点醋味而已。当是时，眼泪却忍不住要一滴滴往下掉，忘了谁说的"食物是用来传递感情的"，一个肯每天供我大鱼大肉不嫌弃我胖的男友大概比一碗香喷喷下饭的红烧肉更难找。男友问我怎么了，到底好吃还是不好吃？我望着这一碗色泽浅红的红烧肉，千言万语化作一句："还行，下次加个蛋。"

觅食推荐

圆苑酒家

地址：徐汇区兴国路201号（近泰安路）

圆苑是上海以红烧肉出名的时尚酒家。店里招牌红烧肉中的蛋得另外算钱，论个卖，滋味干硬恍若台湾淡水的铁蛋。

这里的红烧肉和别处有许多不同。不用罐子坛子，而是拗个冰淇淋甜点造型，像盘甜品一样端出来。这样的装盘，造型时髦，但菜很容易冷掉。

肉块切得很不规则，不是整齐的刀口。不仅瘦肉很硬，肥肉也很抵触牙齿，不似其他饭店入口即融。瘦肉连着骨头，好似在啃糖醋小排。怪不得，即便拗成冰淇淋甜点造型，也不怕冷掉。因为糖醋小排是可以冷掉的。

除了红烧肉外，这家店的其他菜色评价莫衷一是。甜品可谓咄咄称奇，从来杨枝甘露是芒果与柚子的铁打营盘，这里竟然是稀薄的胡萝卜汁，难道是厨

师太有创意?

新吉士酒楼

地址:卢湾区太仓路181弄2号新天地北里9号楼

　　上海较早走高档路线的本帮菜酒家代表,分店不少。这家的外婆红烧肉是标准的新派本帮菜样貌。选用上好五花肉,装在紫砂坛子里,酱色浓郁,拉得出黏丝,小火煨数小时,加蛋加百叶结。这是影响整整一代人的饭店式"私家红烧肉"的榜样。

　　建议点一份新吉士的葱油拌面尝尝,调味令人满足。做家常菜,滋味总能比家里高上那么几步台阶的餐厅,其实不容易。

No.17

咖啡馆底色

炸猪排倒计时

No.17 咖啡馆底色
炸猪排倒计时

炸猪排是几代上海人的集体迷物，很少有上海小囡说到"炸猪排"三个字音调不变欢快的。约某位80后贪吃分子一起去吃炸猪排，他欢快得好似"世博倒计时600天"一样，每天不忘MSN提醒我："今天距离吃炸猪排还有X天！"

上海人家里，主妇个个都会做炸猪排，那是文明的标志。不会做炸猪排的上海主妇就好比进了洋行却不会英文一样尴尬。相比较血淋淋的牛排，猪排的味道与熟度更易令国人接受。上海超爱猪排，还有道驰名点心叫"排骨年糕"，也是油炸了猪排与年糕蘸甜面酱吃，却已看不出丝毫洋派作风且越做越难吃。

炸猪排到底源自法式、英式还是俄式已不再重要，番菜馆出身的它已经完全本土化。人们注重味觉的切合更甚于血脉的正统。

我小时候不止一次看我妈做炸猪排。大排买来后，先要挨刀，她不遗余力地用刀背拍打大排，务必令其内功尽失、遍体鳞伤、筋肉寸断，最后完成时，一块大排已经撑得有先前的两倍大。接着上浆，鸡蛋、料酒、盐、淀粉等搅拌起来，浸润每块猪排。这黏乎乎的猪排还有重要一步，便是裹面包粉。面包粉颗粒较粗，为了防脱，最好再反复锤呀锤，让面包粉均匀牢固忘我地与猪排融为一体。然后再投入油锅里炸，看油花翻腾，捞起沥干，送入盘中。

看见没有，其实做上海式的炸猪排一点也不难，再潦倒的人家也可以吃这样一餐：豁了边的瓷碗盛着红红的罗宋汤，用竹筷子别扭地夹起炸猪排撕咬。局促，简陋，粗糙，那也是上海的时髦。

同样是洋食东渐，在日式餐馆里也常见炸猪排，那是明治维新后日本人从法式料理学来的。本来油炸的肉很薄，据说一个厨师运用天妇罗技法终于油炸出了比较厚的肉排。但日式炸猪排通常端上桌时已经被切成了细条，淋上的是炸猪排专用沙司（有时是番茄汁代替），边上配卷心菜丝、腌萝卜、味噌汤……还有一片新鲜柠檬！那样的口感，和上海炸猪排可是相当不同的。

这不仅是因为上海的炸猪排不切成干硬老柴的细条，更因为酱料决定洋食口味！炸猪排配黑椒粉、鲜辣粉未尝不可，但不知何时起，我家的炸猪排就和辣酱油结成了对子。上海的炸猪排也因为辣酱油而更有上海色彩，成就代表作。

无论是家里，还是在海派西餐社，甚至是狭小店铺、路边摊，总有那么一瓶神秘的泰康黄牌辣酱油与炸猪排如影随形。小时候一直觉得很奇怪，为何"辣"酱油不怎么辣，相反略酸，风味特异。长大后才知道它压根就是另一种与"辣油"或"酱油"毫无关系的外国调料。这种辣酱油，在广州香港等地也有登场，例如蘸食大颗的山竹牛肉丸。但在上海，辣酱油除了搭配炸猪排外，还在我家蘸过油炸臭豆腐、春卷、生煎、饺子……以其金刚不坏之身，一年四季有机会大显身手。

○ 德大炸猪排

马路边总有卖炸猪排的，白乎乎的叠起厚厚一摞，和油墩子、臭豆腐在一个油锅里洗澡。其实，有些路边摊卖的"炸猪排"压根不是猪排，也不带骨，只是一块普通的里脊肉被锤得飞薄，均匀地抹上了面包粉，面积幅员辽阔，厚度忽略不计，好似一方帕子，叠起来体积小到能穿过针眼。只是，这种里脊肉扩张版炸猪排又薄又干，老得无法下咽。炸猪排还是需要一定厚度的，面包粉油炸层只是为了锁住肉汁水分不外泄，咬开来里面嫩嫩的鲜软多汁才是上品。这点，自家做的炸猪排与老牌西餐咖啡馆里做的，就好得多。

地道的炸猪排可能在午餐期间就已被群众消灭。下班时打电话过去问，老板娘很麻利地说："我们早上买肉，中午卖完，保证新鲜！"没得吃了！

〉〉辣酱油又称唿汁、英国黑醋、伍斯特郡沙司，是曾在印度生活过的英国人在英国伍斯特郡发明的。1838年，发明者将两人姓氏合起来，注册了"李派林"（Lea & Perrins）品牌。19世纪末，"李派林唿汁"就打入了中国市场。上海产的这种辣酱油，原本是20世纪30年代梅林厂仿照产的国货。1960年，改由上海泰康食品厂生产。1990年，出了"泰康黄牌"和"泰康蓝牌"，黄牌为特级品，蓝牌为一级品。今日在上海买辣酱油，大家仍习惯性地买"泰康黄牌"。辣酱油在其他地区与牛肉更相宜，只有上海，把它许给了炸猪排。恐怕看到我们吃炸猪排时，拼命往猪排上倒黑漆漆的辣酱油，外国人会大惑不解吧。

怀念似东海

刘海月 | 编辑，好吃分子

说到炸猪排，不由涕泪交加，怀念起如今已经不复存在的东海咖啡馆。那才是百年如一日的"老上海味道，老上海腔调，老上海价格"。开在热闹的好地段南京东路上，却如此价廉物美。

第一次跟妈妈在东海吃炸猪排，我还在读小学，炸猪排套餐12元一份，对比当时物价不算便宜，算是比较高级的西餐。稀奇的是，过了十几年，这里的炸猪排套餐依旧卖12元一份，送汤送饭，且同样好吃，可誉为上海第一。在这里用餐，只提供刀叉，没有筷子，提醒我们老牌西餐社的底气。

套餐包括一份乡下浓汤（罗宋汤）或奶油蘑菇汤，用大而浅的白盘子端上来，一把大汤匙直别别插在汤里。饭可选培根菜饭（中式咸肉可是改成了西式培根）、蛋炒饭、泰国米饭。配几片黄瓜，切得很厚，略略用盐浸过，爽脆。重头戏炸猪排，金黄滚烫，厚薄一致，咬开来可以看见细密肉层，松软有嚼劲，富含肉汁。所有的吃食都让人觉出了那个年代的地道和实诚。

服务员都是上海阿姨，手脚麻利一手臂搭三碟子。但凡点了炸猪排套餐，她们还会拿瓶"泰康黄牌"辣酱油过来，亲切得不得了。东海的炸猪排是有味道的，也可不倒辣酱油，但我们每次看到那棕黑色瓶子鲜黄盖头，都会忍不住地倒来玩。

多少年过去，东海的环境变化不大，老上海的欧式风格和精美装饰，灯光、铁质桌椅都很特别，转弯楼梯通向吃西餐的二楼。

中午这里挤满人，一张小桌子上塞两拨客，另有阿姨阿叔拉长嗓门等座位叫人。等着吃"公司大菜"的小职员也很多，新旧上海都有白领，实惠的西餐社中午套餐，有主菜有饭有汤，相较晚市合算得多。

晚上人不多，服务员都是年纪不轻的上海人，点完菜先付钱。坐在这里啜饮咖啡的人很笃定，过气上海老男人与中年风骚女们是主体。这里是做回头客的，许多人几十年，熟悉这里某个角落，服务员也熟悉这些人，好似近邻。

○ 老地方面馆猪排

○ 富春炸猪排　　○ 老地方面馆老店

○ 新利查西餐馆室内

2007年初，得到消息，这样美好的东海要被拆掉了，不复存在。于是，就尽可能多地每次路过都去吃炸猪排套餐，和员工聊聊何时关门，买上一堆东海西点回家。终于，那个晚上，下班路过时，发现它大门紧锁。

滚滚东海逝去，谁也挡不住美好的崩塌。

觅食推荐

新利查西餐馆

地址：徐汇区广元路196号甲（近天平路）

新利查其实不算老牌的上海西餐社，开业历史并不太久。但是，这里有着浓厚的国营服务氛围，菜也是改造过的上海西餐口味。当上海传统西餐社渐渐消失后，地段不错的新利查冒出了头。

这里的炸猪排味道自然不如东海，但还是能让人重温到昔日感觉，每台桌上都有一瓶辣酱油，显见的比东海大方。除了炸猪排，还有瑞士牛排、土豆色拉等，都是吃实惠的。

老地方面馆

地址：徐汇区襄阳南路233号（近复兴中路）

每天中午11点开始供食，在此之前，小店铺里已经坐满了人。老板娘中气十足地站出来开卖，不许底下人插嘴，她看到你时你才能报出自己想吃的东西。这里的炸猪排只供午市，热气排骨很新鲜。老地方的炸猪排是不裹面包粉的，挂满满的鸡蛋糊下锅炸，肉质软厚，老板娘给洒泰康黄牌辣酱油。

每天等在门外买数块炸猪排打包回家的人大把，老板娘会拉开一个食品塑料袋，往里倒小半袋辣酱油，再扎紧口子与猪排一起送出。

No.18 桃花流水 绉纱馄饨

No.18 桃花流水 绉纱馄饨

绉纱是对小馄饨新娘裙摆似的皮子的雅称。上海的小馄饨与湖州大馄饨、无锡王兴记馄饨、福州肉燕、香港虾肉云吞、成都抄手皆不同，甚至和上海的菜肉馄饨、三鲜馄饨也完全不同。小馄饨是馄饨家族的萝莉，走少女路线。上海人家吃不完的馄饨煮熟后第二天下锅油煎来吃。可是从来没有见过拿小馄饨来油煎的，它太娇嫩了，只适合现包现煮现吃。

上海人对小馄饨与大馄饨的区别相当敏感。

大馄饨皮子挺括，呈梯形，宽的那边朝外，包好后饱满如元宝。纯肉馅的大馄饨不太受欢迎，搞成荠菜肉馅或三鲜馅的才咽得下去。这是当一餐饭吃的，通常是午餐举家吃菜肉馄饨，剁肉烫菜烧水……热闹不亚北方人包顿饺子，颇能加深家庭团结。

小馄饨没有茁壮饱满的菜肉馅的，它是纯肉的，最多加点剁碎的虾仁。肉馅就黄豆大小一点，用竹片子挑着往皮子里一抹，手一捏，前后不过两秒钟，一枚小馄饨就包好扔馄饨堆里了。熟练的人单手就能包小馄饨。吃的时候，只觉绉纱滑入口，那点肉鲜只在舌颚间绽放一下便消失，滑腻腻的皮子顺势倒入喉中。

没人拿小馄饨当餐饭，过去讲究的人家包小馄饨是自家擀皮的，现在都是买现成，肉馅倒还得自己调。

小时候午睡后，外婆领着我往虹口公园溜一圈，出门必在公园对面的点心店吃一碗小馄饨。两个人笃笃定定地分吃一碗，再慢慢走回家。小馄饨是点心，给舌头和胃的一点心意，吃了可以当没有吃过，回家还要吃晚饭的。

现在，虹口公园更名为鲁迅公园，那家点心店已改造成了星巴克，风传那家星巴克也有馄饨卖。

上海早餐吃小馄饨是用来过生煎的，干湿搭配，拿它当汤，

相当于鸡鸭血汤配春卷。到了晚上,夜宵馋嘴来碗小馄饨是很平常的,只是点心店打烊,要奔马路摊头去。张爱玲那个时候还说"卖馄饨的一声不出,只敲梆子,馄饨是消夜,晚上才有"。可见晚上那碗才是主题。

不要和我说柴爿馄饨、笃笃馄饨、骆驼挑子以及敲不敲梆子之类,因为等我长大到能独自出门吃夜宵的岁数,它们早就集体在上海绝迹了。

我印象里的小馄饨夜宵始于读本科,熄灯之后,吆喝寝室女生到复旦东区门口小推车摊买小馄饨。一部推车上,好几个炉子一起旺着火,搪瓷小锅里轮番滚水,蒸腾小馄饨或粉丝汤,摊主手脚麻利地往一次性碗里放佐料倒猪油,夹子夹起滚烫的搪瓷锅,小馄饨悉数倾入碗里,卖两元钱。

我们一路捧着扑扑满的小馄饨,小心翼翼地走回本部 2 号楼,真是汤里的月光啊。

小馄饨讲究汤清馅细,没有汤的小馄饨不好吃。我曾经吃到一味干蒸小馄饨,碱水皮子的小馄饨放在蒸笼里端上来,干硬难咽,不知道为何有人爱吃这样的馄饨。小馄饨的汤得用高汤,例如大锅的骨头汤,或者

○ 传统点心店盛小馄饨的蓝边碗

鸡汤,沉渣浮沫撇干净。完美的小馄饨,皮子是薄而泛黄的碱水皮,微微露出肉馅粉红,清汤见底,漂着绿葱花、鲜黄蛋丝、紫菜、粉红虾皮,加勺猪油,香气袭人,就足够好吃了。

  陈佩斯和朱时茂有一个吃馄饨的小品。朱时茂演生活在北方的上海人,店里没有胡椒粉,上海人随身带一小瓶,吃小馄饨时要撒点胡椒粉,才够滋味。这个看来多余的动作以及那个小巧的胡椒瓶令陈佩斯产生了深深的心理不平衡,一场冲突在所难免。小馄饨里撒胡椒粉是正道,但也有上海人往小馄饨上撒鲜辣粉,当然这种调料其实也并不怎么辣。不过要是往小馄饨里拼命放辣椒酱,上海人叫"辣火",搞得一碗清汤变红汤……那还是改吃抄手比较好。

  现在点心店里,馄饨面条在一个大锅子里煮,一摞碗里事先搁了鲜辣粉与盐、味精混合的调料,加了蛋皮丝等,小馄饨熟了连着水一起冲入,搞得像泡方便面一样。自己在家包小馄饨就精细多了,一个小锅子滚水下小馄饨,另一个锅子煨热高汤。

  好吃的上海小馄饨越来越少,甚至吃到一碗不错的,我都要拍照留念,心存感激。遍布上海的那些馄饨连锁店,卖的都是馅粗个大、煮了又煮才熟烂的大馄饨,汤里堆满榨菜末还要加几段香菜。它们根本做不出婀娜娇俏的小馄饨来。现在上海最多的是永远挤在待拆迁阴暗破旧平房的"福建千里香",福建扁肉是好吃的,却难现上海小馄饨那种悠哉与闲情。埋藏在弄堂居民处最有口碑的小馄饨,随着拆迁一家家消亡。

我还碰到过门口卖杂粮煎饼的点心店,也卖小馄饨,但他家对小馄饨的理解有偏差。虽然汤底用的是骨头汤,却只显得混浊和脏,没啥鲜味。里面的馄饨从皮到馅烂成糨糊,就是一团粘了肉腥的面疙瘩,糊了一嘴。我吃了两个就把整碗扔了。这让我想起,我曾在兰州拉面店吃过扬州炒饭,在河南拉面铺吃过煎得好似小肉包的锅贴,在北京和厦门吃过当地小笼包子……事实证明,这些都是噩梦……噩梦……

小馄饨难得也上台面。在考究的酒家里吃到过鸡汤煨馄饨,但煨的是结实的菜肉馄饨,一个下去就撑饱了。瑞福园有道砂锅大黄鱼煨馄饨,倒是俏俏的小馄饨:好大一个砂锅上来,汤色黄白,黄鱼先煎后煮,小馄饨蘸滚些许胡椒粉,点缀碧绿香菜。要趁热吃,否则汤面很快结层油壳。汤的滋味清淡,黄鱼很细嫩,馄饨很清爽,与上海常吃的宁波咸菜黄鱼汤大相径庭。附近酒家也有模仿他家的,档次就差了,又腥又少又次。

》"馄饨"在唐代原指汤饼,到了北齐颜之推时则称:"今之馄饨,形如偃月,天下通食也。"古人很少提及小馄饨。清代袁枚《随园食单》中写到小馄饨,只有一句:"小馄饨小如龙眼,用鸡汤下之。"说的是扬州点心。但淮扬的小馄饨,肉馅里还要放酱油,糖多多的,上海的馅便清爽许多。

》丰子恺画过馄饨担,那真是一肩扛起一爿馄饨店,锅勺碗筷、肉馅调味料、灶头……全在一起。丰家的小孩在《爸爸的画》里说:"《浮生六记》里的芸娘,在她的丈夫约了三朋四友出游时,曾包下了一副馄饨担随行。父亲常对我说:芸娘这样做真能干。"

○ 四新小馄饨

大碗里的小馄饨 | 马户
出版人

周立波拿着他那根穿满油条的筷子,倏忽之间把上海人统统捅成了麦兜,争相陷进粉金的色泽里,念叨着在这座城市伸枝展叶之前曾经轰然倒下的东西。油条还是那根油条,只是不再被穿在筷子上,所以它虽然还存活在现世,却终究觉得死过一次。小馄饨也是一样。

小馄饨的"小",自然是相对于菜肉大馄饨的"大",生就一副媚若无骨的姿态,透出暧昧的粉红,薄寡寡,滑唧唧,却曾经被装在粗瓷大碗里,豪迈地端上泛着油光的桌子。上海曾经有无数这样的小吃店,店堂中间摆几张圆桌,靠墙的是暗褐色的卡座,土黄的海绵从划破的革面里翻出来,被小孩子扯得稀稀立拉。地上的花砖积满油腻,头顶上三两只吊扇死样怪气地转着。我和每天挨揍的周立波差不多大的时候,父母就经常带我坐在这样的店堂里,要上几客小笼,然后雷打不动地配上小馄饨。小馄饨不像大馄饨那样铁骨铮铮,所以很多时候都被人视作汤品。用调羹拨开那些漂浮在面上的紫菜、蛋皮或者虾皮,舀上一口清汤送进嘴里,鲜鲜烫烫地一路开道,之后吃下任何东西都让人觉得妥贴。

小馄饨的皮不像大馄饨那样讲求筋道,馅也几乎可以忽略不计,只是那种撮唇一吸即可入口的滑爽,那种囫囵嚼几下就敢下咽的温润,却是其他的面食所无法替代的。因此,即便它是小吃里永远的配角,也始终没有离开过上海人的生活。只不过,在没有高架没有地铁的年代里,小馄饨遍地生长在我们的家门口,如今却多数搬了地方,有时还被隆重地配上黄鱼汤。馄饨还是那只馄饨,只是没了那只粗瓷大碗,撩起一只在面前,竟也不敢相信,这个城市,还曾经有过那样的慵懒。

○ 老盛兴小馄饨与菜肉馄饨

觅食推荐

万寿斋
地址：虹口区山阴路 123 号

  万寿斋曾经被评为上海 30 大小吃店之首，是虹口区最有名的点心店，就开在三中心小学边上，对面则是鲁迅纪念馆。万寿斋的各式馄饨相当有口碑，小馄饨是碱水皮子，典型的上海风味，骨头熬汤底，撒上一把绿葱花。得早去，晚了就吃不到了。倒是他家三鲜馄饨一直有供应，但那是大馄饨了，包了结结实实的肉馅，女孩子一碗吃不掉。

  这里小笼也是实实在在、规规矩矩，货真价实一两八个，皮略厚，馅的滋味浓郁咸甜，加大量的盐大量的糖。服务员是上海中年阿姨，很为自家小笼骄傲。只是店面小到令人发指，热！非常拥挤！

No.19
水磨工夫
大汤团与小圆子

大汤团与小圆子

水磨工夫

No.19

说到上海点心,外人似乎单单记牢最后上桌的一盆酒酿小圆子。于一大团模模糊糊的芡粉水中,舀出一勺酸酸甜甜的碎米和黏糊糊的粉团。这恐怕是颇有古韵的吃法,因为古代的汤圆便是在烧开的汤锅里撒进白糖,再下糯米粉团煮熟,是无馅的实心圆子。

酒酿小圆子虽然在各大酒肆里成为点心栏的上海面孔代表,却在点心店里少见。所以能在定西路祥和面馆吃到 1.5 元一碗有蛋青勾芡的酒酿小圆子,觉得很神奇。而吃过最厉害的,是个头和一般酒酿小圆子一样大,里面照样藏着黑洋酥馅料。手艺了得!不过,那恐怕要叫成小团子。汤圆和汤团以前是有区别的。《清嘉录》里说到:"有馅而大者是团,无馅而小者是圆。"所以是小"圆"子、大汤"团"。

酒酿和小圆子,是一种米的两种变身。我恐怕是最后一批看到家里"焐甜酒酿"的上海小孩:买过薄纸包的甜酒药块(豆酥糖以及武侠剧里的毒药都有类似包装),见过中心凹下的糯米饭长出白毛,偷吃过草饭窠里夹生酒酿。我也恐怕是最后一批亲身参与自家磨糯米粉出来包汤团的上海小孩。

读小学时,过春节前家里就掏出一副报纸包好的小石磨来。磨糯米粉很新鲜有趣,糯米灌到洞里,握着柄旋转磨盘,就会有雪白的糯米浆流泻下来。把这些糯米浆积起来,还要放进布袋子里,在走廊上挂过夜,去水。然后是更好玩的游戏,糯米粉分成剂子,埋入搓成球的黑洋酥馅,再包裹起来在掌心揉成更大一丸雪球。沾满了指纹的汤团,落入锅中,毁灭证据。自己做的汤团皮子柔滑，不会黏黏糊糊不给劲，这是现在的汤团达不到的效果。

做好的汤团就用湿布蒙起来以免开裂，要接连吃许多天。有时，雪白的生汤团还会变成红色，那是糯米粉杂菌感染，好似红米曲同样原理。但是一点都不科学的上海人就说，那是因为被神仙吃过了。现在上海人渐渐走出了DIY食物的美味自足时代，还有多少坚持而伟大的时代恐龙在磨糯米粉包汤团呢？

不过，我们家没有做过肉馅的汤圆，那可不是塞糖豆子的包裹法，肉馅又湿又软又嫩，也不能搓，需要一定技巧捏合。我吃到的咸味汤团，都是我妈老清老早跑到王家沙排一两个小时队买来的，现场等师傅手工制作。尤其喜欢蟹粉汤团，皮子咬开后，一泡金色鲜汤先出来讨好。

民国时的上海报刊文章里谈到点心，总有文人笔下对汤圆恋恋不舍，一边哀叹稿费菲薄，一

边感慨怕是汤圆都吃不起。那时点心店卖汤圆的数不胜数,今天却是凤毛麟角。读大学住校的第一个元宵节,分散在复旦各个系的高中班级同学晚上大聚餐,目标就是汤团。结果,哪里都买不到,超市的速冻汤团都空了。最后在东区门外的老巷,坐了人家几张圆台面,要了煮得半生不熟、烂糊糟糟、堪称恶魔食物的数碗汤团分吃,留下可怕而温馨的回忆。

〉〉吃完汤圆,最后用下过汤圆的热水过过嘴,那白水里沉淀着它们最初的味道,"原汤化原食",暖胃顺气。徽帮汤圆半两一只,宁波猪油汤团大约一两六只。严格来说,汤团如果是竖着浮上水面的,是因为皮子厚薄不匀、制作马虎,过去店老板为此是要处罚店员的。

○ 皮子很 Q 的汤圆

○ 元宵节当日美新门口长队

○ 美新汤圆包鲜肉汤圆

第一想到的，只有汤团

乔小华
《上海壹周》副总编

我爱一切有糯米参与的食物。不过，被问到最爱吃哪一样时，第一想到的，只有汤团。以汤团为中心，曾发生两件一想起来就要狂笑的事。

几年前，还在南京西路茂名南路口上班，不远处就是王家沙。那时的王家沙还不是现在的时髦模样，走国营气质。最爱去它的二楼吃饭，小方桌白台布，1980年代的感觉。最神奇的是服务员，清一色上海人不说，结账时我左手付钱他右手就能把找钱送上，不多拿一分也不少拿一分，刚刚好。

话说某天和两个朋友去吃晚饭，点完菜后左顾右盼间发现有摄影师在拍照，对着桌子上一碗汤团。灯光照耀下，白白胖胖三个汤团像吃饱了的小白兔一样安卧在青花瓷碗内，可爱诱人，光用看就知道皮很Q馅很多。食指大动，向服务员点汤团，得到的回答是："不好意思，晚上我们不卖汤圆，那是为了给他们拍照才做的。"

人世间最痛苦的事情就是：想吃的东西明明就在眼前却吃不到。因为吃不到心里反倒生出一股子气，非要吃到不可，否则晚上别想睡着。

有句台词叫：如果你心中强烈渴望，整个宇宙都会帮你的忙。正郁闷间，摄影师旁边的那位男生端着汤团走到我身边说："小姐，你是不是很想吃这个汤团？你看这样好不好，这碗汤团送给你吃，但你吃的时候让我们拍几张照片……"竟然，得偿所愿。

还有一次，元宵节突然狂想吃汤团，打车找竟然没找到，郁闷了整整一天。几天后经过陕西北路"美新"，汤团名店！没想到人家给出一张冷脸：现在是休息时间。还是没吃到。

好吧！不死心的我再踏着饭点儿去，里面已经坐满了人。也顾不上看玻璃那边师傅们手脚麻利地做汤团，直接就去买。墙壁上贴着：鲜肉汤团一客十元，芝麻汤团一客八元。

一客是多少个呀？一个有多大呀？饥饿以及补偿心理促使我做

○ 百年老店老盛兴

出了让我整整脸红一小时的决定：两客鲜肉汤团，一客芝麻汤团。

在二楼坐定，从容观察之后就知道坏了。原来鲜肉汤圆有芝麻汤团两倍大，一碗鲜肉汤团有四枚，一碗芝麻汤团有八枚……

当三碗汤团齐刷刷地排在我面前时，直觉得周围眼光如乱箭扫射而来。身边坐着三位中年阿姨，其中一位是定居国外回来探亲的，三个人合吃一碗甜的一碗咸的，当点心怀旧。她们开心地议论："这位小姐胃口好的，到底年轻呀……你觉得甜的好吃还是咸的好吃……看，这位小姐跟我看法一样，就是咸的好吃嘛……小姐，你慢慢吃……哎呀，小姐也吃不下啦……"

觅食推荐

○ 汤圆羹

盛兴点心店

地址：黄浦区顺昌路 528 号（近永年路）

上海遗存的少数几家卖汤团的店，都已经有近百年历史，都是可以起立致敬的。巧的是，许多以汤团为特色的点心店，同时也卖很地道的鲜肉小馄饨。一大锅浮浮沉沉的汤圆，一大锅若隐若现的馄饨，交相辉映。

这是家极破旧却又历史悠久的汤匠馄饨店。四只汤团和半碗馄饨，是典型的搭配吃法。对的，这里可以点半碗馄饨呢！甜的黑洋酥馅，咸的是鲜肉馅，可以混搭。皮子糯滑，要感谢如今还有这样传统老手艺的点心店存在，能吃到小时候家里的味道。

美新点心店
地址：静安区陕西北路105号（近威海路口）

　　国营气质浓郁的老牌点心店，营业时间很短，我们下班它也下班了，所以晚上没得吃，而且并非四季供应汤圆，这是最让人恼恨的一点。美新卖的同样是鲜肉汤团和黑洋酥汤团。这里的汤团个头不是很大，以皮薄馅靓出名，是宁式的。一口咬下去，呈液体的黑洋酥持续不断地自动流出来，断断不是干涩粗糙芝麻屑口感，这在今天的上海已经不多见。更神奇的是，这里除了汤团和馄饨外，还有冷面和春卷等，品种齐全。

四新食苑
地址：虹口区四川北路1908号（近多伦路）

　　四新食苑的前身是湖北人开的新芳斋糕团店，专卖个大、皮薄、馅多的湖北大汤团。1958年公私合营后，改名为四多点心店，"文革"时更名为四新点心店，汤团一直是特色。

　　四新的汤团外形与众不同。一般来说，椭圆形带条尾巴的是鲜肉汤团，而搓成圆球形的是黑洋酥汤团，四新却正好相反，长尾巴的是甜的，圆的才是肉的。

　　一楼外随季节变换外卖各种熟食与糕团，夏天还有颇怀旧的刨冰供应。要吃汤团就得爬上陡峭的二楼。除了汤团，这里的鲜肉小馄饨一碗12只，碱水皮子略发黄，透着粉红色的馅，是如今难得的传统风味。食客往往数人点几碗汤团几碗馄饨一起吃。

No.20 圈圈尖尖 大肠面

No.20 圈圈尖尖 大肠面

大肠面好似碟店里的三级片，加足猛料放大宣传，考验路人的定力：你是看过一眼匆匆低头走人，还是放肆地盯着看脸上充满想象？女孩子很少有承认自己爱吃大肠的，就好像不敢承认自己看过三级片一样。那该是多么不做作的女孩，才有这样的坦白勇气和厚重口味。

猪肠这样的下水，滋味特别浓郁，总是有人爱煞有人怕煞。徐志摩《爱眉小札》里说："爱的出发点不定是身体，但爱到了身体就到了顶点。厌恶的出发点也不一定是身体，但厌恶到了身体也就到了顶点。"肉欲荤味的那个爱恶一念间的顶点，就是大肠。它是小众情人、小妾，不是符合正统审美标准的大妇。往往越小众的爱好越令人觉得兴奋，若有同爱更是"悠悠苍天，此何人哉"。

我小时候挑食，拒吃猪肠，一直要到大学以后才开了窍，因为某一天赫然领悟到从小吃的油豆腐粉丝汤，原来是肠子熬出的汤底……一旦接受了大肠，回回相见就跃跃欲试。读书时学校内有卖肥肠粉，四川产品，辣得不行，里面还有黄豆可以挑着吃。学校外的五角场有专卖大肠的馆子，价廉物美，是男生们最爱，分"大肠"、"圈子"等品种，乃猪肠不同部位。跑到台北，在士林夜市看到"士林庙口阿辉大肠蚵仔面线"真是漂亮：大肠以酱油、冰糖等卤制，红面线，猪大骨及柴鱼熬取汤头，加上猪油炸的葱蒜酥，淋黑醋。边上在卖听上去更豪迈的"大肠包小肠"，名字可怕，仿佛血淋淋的肠胃剖面图直扑到眼前，结果原来是糯米版的热狗，更接近粢饭团。老正兴、德兴馆的炒圈子即红烧猪肠，用草头衬底，怡红快绿。圈子最合适浓油赤酱，再多调料也难掩其特殊滋味……

吃了一遍发现,最合我口味的大肠,不是所谓老牌饭店的,也不是那些餐馆里用笋尖或洋葱铺垫的,却是实打实兴旺于江湖的各家大肠面。

在上海,大肠和江湖密不可分,有海派腔调。江湖人士所爱,还得得味于江湖。

上海的浇头面中,大肠面是不可或缺的一块响当当牌子。尽管各家面馆都有大排面、咸菜肉丝面卖,但只有"大肠面"三个字,无论在写字楼林立的西区,还是在市井里弄曲里拐弯的东区,都有小小面馆以最醒目的大号字体挂在店门前招徕,甚至直接做了招牌。来吧,来吧,知道有人就好这口!再小的面馆若是大肠面做得好,便有了立足根本,可以有资格在"兵器谱"上排名,在小范围里称王称霸。面馆门口,宝马雕车香满路。

总体来说,吃过的大肠面浇头分两类。一类用的是猪大肠的肠尖,是最嫩最脆的精华部分,肠味较淡。肠尖总是现浇,点了单,厨房里立即浓油爆炒一下,装一碟子端上来,让你自己斟酌下多少到面里。这样的现炒肠尖是鲜艳的年轻的,看着像20岁姑娘,咬上去细巧脆韧。

另一类则是用了肥肥的直肠,直统统的,可以横切成圆圈。著名的本帮菜草头圈子,指得就是红烧大肠切片。圈子重在粗壮豪迈的质感,特别肥硕柔韧,很有嚼头。这段肠讲究调料卤煮入味,舍得且懂得用火,火候不够太硬,煮过了头就风味大失。有些人家标榜干净,简直恨不得用各种腐蚀化学作用之,那烧猪大肠和煮烂一根橡皮筋有何分别?

最次的就是用了猪肠最末那段烂糟糟毫无韧性,油腻腻坏人胃口。负责任的店家会把这一截去得很干净。

如果一个生活上品的人爱吃大肠面，我对他的好感就会增加一些。而且我相信，但凡贪吃之人，心态都很开放，没有不接受大肠的。

〉〉上海滩有著名的"卢湾四碗面"，这是"上只脚"卢湾区私营小面馆的荣誉，各自依着老板有绰号，叫起来好像江湖上"四大名捕"一样。到底是哪四碗面？争议颇多，网上比较靠谱的版本是："长脚面"、"炸弹面"、"缩头面"、"大肠面"。这其中，"长脚面"是青菜肉丝汤面，只有摊头小推车，半夜摆出来，最具神秘色彩。"炸弹面"以素浇出名。"缩头面"即香葛丽，面条十分弹牙，王志文爱吃这里的大肠面，于是拍成照片成了招牌。至于"大肠面"，名字说明一切。

〉〉大肠的清洗工作很有讲究。要把肠子翻过来刷洗干净，再用清水泡，用盐、面粉或醋搓，反复搓啊去掉黏液。其实工艺比吃猪的其余部分麻烦。

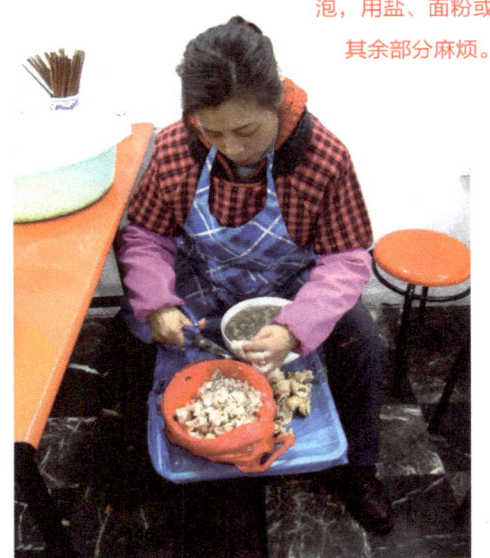

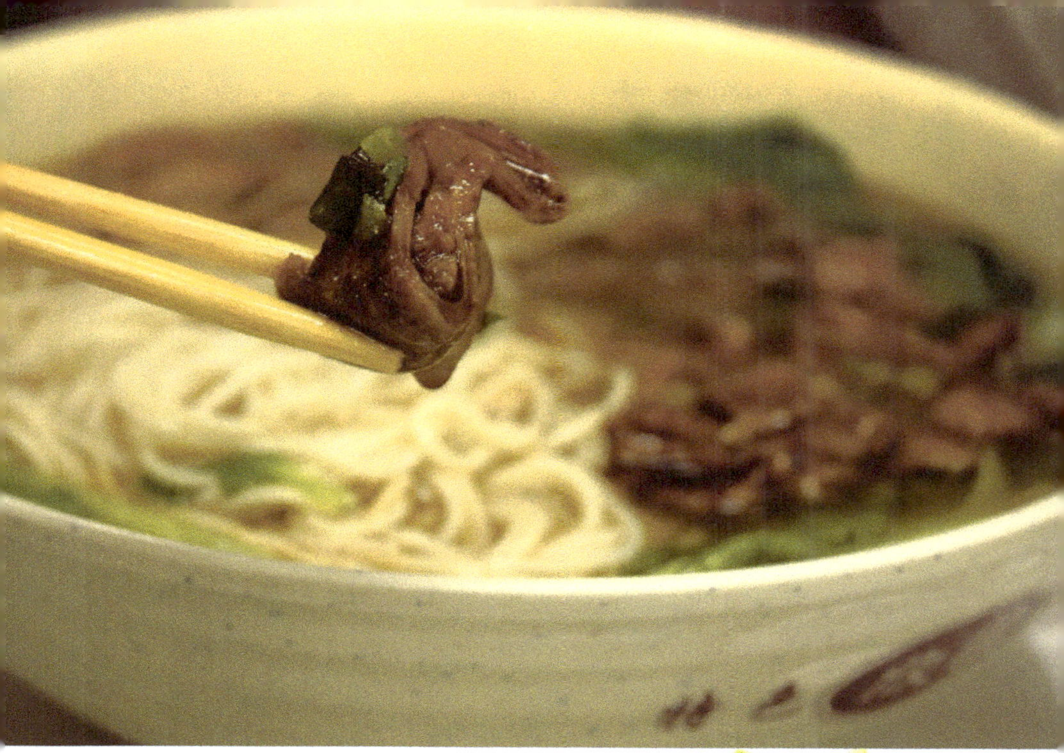

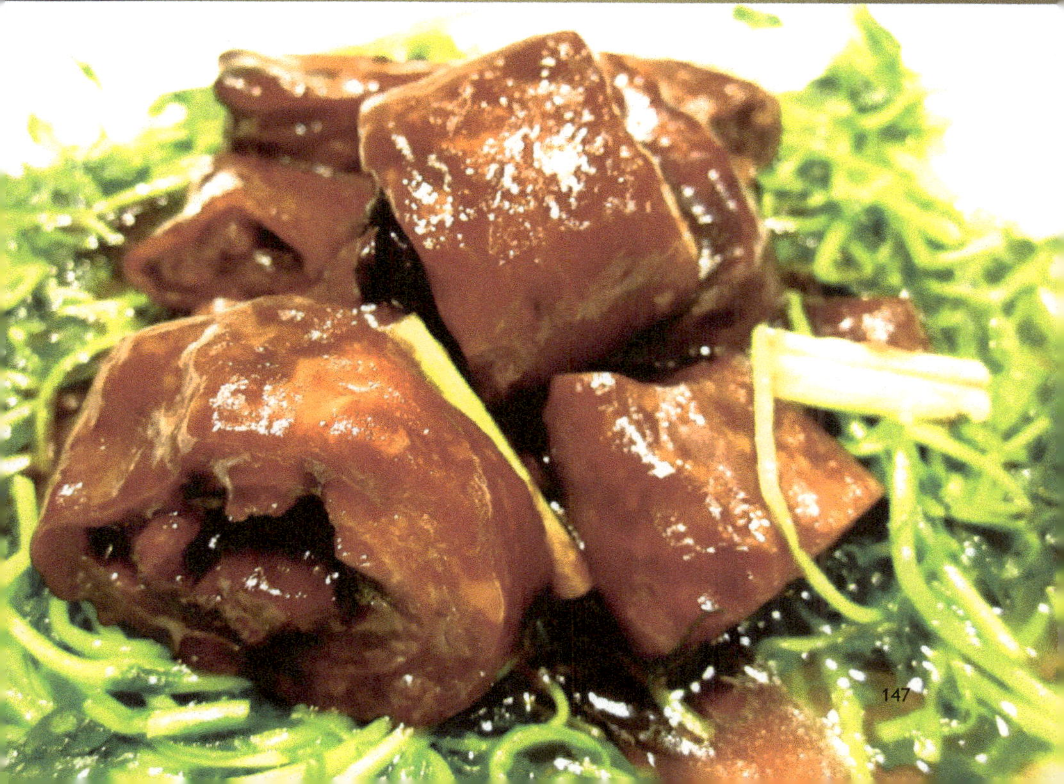

欲仙欲死之大肠面

秦瘦竹
白领，前媒体出版人

指间沙早就跟我说了要写"大肠面"，莫要写"肥肠面"。可是，为什么上海人不肯唤为"肥肠"，愣是以"大肠"简而呼之呢？一字之差，虽然东西还是这个东西，但感觉有了差别。我万分不能理解。"肥"字，令人联想"环肥燕瘦"，香艳之感云蒸霞蔚，顿时扑面，氤氲生动起来。

在上海，赶过一次时髦，去复兴路那家如雷贯耳的"大肠面"吃过一回。面一般，就只有那肥肠的柔滑香浓令人回味至今。这只能归功于食材本身的魅力，因为大肠本身油大，有韧劲，有嚼劲，吸盐，易入味，厚味那是应有之义，天生丽质难自弃啊！

爱吃肥肠，往往与爱吃榴莲的脾性接近。天下厚味往往藏匿于极端，人间美味大多存于细节繁琐之处。肥肠恰好是饮食辨证法的一个例证。许多人想象力总是盖过食欲，想想就吃不下去了，真是精神洁癖，错失美味。能把肥肠都处理干净，你应该有勇气清洗所有人世污浊。在菜场里，腰子、肥肠、脑花等附件都算奇货，毕竟一头猪有肉无数斤，而这些奇货大多仅供一盘炒啊。洗净的学问很大，用盐搓洗一个小时。这个时候，你会懂得什么叫化腐朽为神奇。搓洗的过程很费力气，但很必要。待用盐和大葱（大葱的味道可以更好去除肥肠的怪味）搓洗之后，又是一顿甩水狂洗。终于洗净，放在加了花椒等香料的滚水中煮一下，起锅，晾干，切成小段，然后下油锅一顿好炒，最好辅佐洋葱之类的配菜。接着下面条，待面五分熟，把烧好的肥肠倒入同煮，翻滚几下，即可汤面待食。

我私爱另一种肥肠炮制方法：火爆。其香烈气息，令人更加欲仙欲死，欲罢不能。火爆肥肠，噼哩啪啦，胜过交响乐最高潮的段落，翻炒之下金黄色出，只见肥肠滚圆微泡，大口呼吸的样子，这时不断地下泡椒、红椒、花椒、姜片、蒜米、料酒……那些调料纷纷在油锅里互相攻击混战，蒸腾出奇香来，把肥肠的脆、韧、软、香发挥得痛快淋漓。这是四川人的情绪演练。无怪乎我在上海吃到柔滑香浓的大肠面，心思已沉浸在川乡火爆肥肠的回味中，以味觉思故乡。

觅食推荐

大肠面

地址：黄浦区复兴中路59号（近东台路）

　　红堂堂的招牌就仨大字"大肠面"。这家店最厉害的一点，就是夏天关大门歇业，因为大肠易变质，十分牛气。环境糟糕，食客如云，午餐时楼上楼下店内店外都挤满。

　　大肠是红烧的圈子，并不是现炒浇头，煮得酥韧烧得透，肥厚鲜美，略带甜味。如果吃得高兴，还可以叫"双份大肠"，浇头加码上。大肠也可以单独外卖，不过有个起卖量。

　　特别的还有，这里面的浇头可以"双拼"，例如"牛咸"，即牛肉＋咸菜；"辣烤"，即辣肉＋烤麸。这家的辣肉面浇头也做得美味，相当嫩的肉，切得不算小，红彤彤的，微辣略甜，透着新鲜爽美。

心乐汤面馆

地址：虹口区武昌路581号（近江西北路）

　　面馆里挂着一幅字："海上第一肠"。这家大肠面浇头是现炒出来的，用的是肠尖，炒好的浇头用白盘子另外盛出来，热腾腾。肠子洗得很干净，鲜脆可口，芡汁酱香浓郁。这家面条略硬，要等上一段时间吃，软度才刚刚好。现炒浇头的猪肝面、鳝丝面、腰花面也都不错。浇头可以另点当菜来吃。

150

No.21

饭饭之交

粢饭和粢饭糕

No.21 饭饭之交
粢饭和粢饭糕

早上坐17路公交车经过汉口路站,花坛边总有个早点摊雷打不动地立着。一个岁数不大的男人,支着一辆自行车,车上摆个泡沫塑料箱子,上面写"特色血糯米粢饭和年糕团"。风雨无阻都能看到,又起得早,这样的男人还真是踏实勤力。

我总是隔着车窗看他做粢饭团,很是干净爽利,加这料加那料,拿个竹帘一卷一推,迅速地交给了客人。某次有机会下车去买,欢天喜地地跑到摊主小哥面前。果然粢饭是血糯米的,染成了紫红色,加咸菜、榨菜、肉松,几坨油条脆酥按得粉碎夹在里头。

粢饭团拿在手里还是热乎乎的,湿软温,的确比点心加盟店卖出来的好。不过,这是台式粢饭团,不是上海式的。

今时今日,各个车站路边摆出的临时性粢饭摊,都只做台式粢饭一种。这些小摊冷冰冰,小家子气,远不如上海粢饭摊热闹。因为卖上海粢饭需要一定规模。

上海粢饭乃是实实足足一粒粒硬硬的糯米加粳米蒸成,摆在大木桶里保温。按两卖,一两起卖。用布巾从木桶里掏出一团热腾腾的粢饭,当中揿进一根边上油锅刚炸出的滚烫香脆油条,撒上一勺白糖,捏呀捏成椭圆形。老老实实的一个饭团,一口咬下去,里面是想象不出来的味道组合。也有做成咸的,放榨菜末或咸菜,甚至还有咸的里面再放勺白糖的,总之够奇情。

那些过气干硬咯牙的台式油酥,怎么可能抵过正当青春的出锅油条?所以,一般一个人守着的小摊是做不出上海粢饭的。开玩笑,上海老牌早点"四大金刚"(大饼、油条、粢饭、豆浆),粢饭一种就包裹了"两大金刚",没点排场是搞不定的。

不过,我的胃其实不太能消化糯米这样凶猛的霸王,每次吃完粢饭都很久也缓不过劲来，胃里不停翻滚。倒是粢饭糕，我能趁热吃个一两块后依旧不影响正餐。粢饭糕用的是冷饭，饭里加过点盐，有些许淡淡咸味。饭块切成长方形略有厚度的片，下锅油炸。小时候的油炸点心里，我和我奶奶最喜欢粢饭糕了，尤其热爱油锅里炸得焦黄喷香的四边与四角。我爸爸要是买回粢饭糕来，就会把四只煎得最老的边角先掰下来给我们，自己吃当中浅黄表皮湿软米饭层。

粢饭和粢饭糕，名字听起来只差一个字，却是完全不同的两样点心，虽然它们都是能让人清晰地看见米粒。粢饭糕比较开朗，奔放地跳进油锅，裹上一层亮闪闪的金色，里头咬开来还是规规矩矩的白色米粒。粢饭闷骚，外表是坚挺完整的白米粒，里面夹的却是金黄松脆的油条。

粢饭糕早上有卖，和油条一起在大油锅里翻滚；下午也有卖，和油墩子、臭豆腐亲亲热热地共泡鸳鸯浴。而粢饭通常只在早上供应，老老实实待在木桶里等待被捏，坚定地和油条黏在一起誓不分离，绝不朝三暮四。

○ 街边粢饭糕

但是，如此简单路边摊的粢饭糕在今日的上海，也有面目全非的时刻。最可怕的粢饭糕是我在上海高档酒店里吃到的。极贵的一客才三块，每块只比麻将牌大一圈，合起来都不如路边一块粢饭糕大。据说加了火腿末，颜色暗沉，一口下去只有硬，那才叫粒粒粘牙。这不是粢饭糕，是粢饭糕前世还魂，在油锅里炸了又冷，冷了又炸……

小时候看动画片《聪明的一休》，觉得日本人真是可怜啊，小和尚也好、小叶子也好，能吃上啥都没加的纯米饭团，当中连油条都没得夹的，就能大满足；送一盒子豆沙包，便是过节也吃不上的美味，基本能把小和尚连带长老的心收买下。时至今日，日本的各色和式点心里包得最多的仍是豆沙馅，而日本的大米已成为各国超市里最贵的大米品种。日本人仍乐此不疲地捏饭团，三角形、圆形、柱形……我们可以在罗森、全家等便利店买到各种口味与形状的饭团，它们外裹海苔内藏酱馅，从冰柜取出微波炉加热。日式饭团加豆浆组合，已经成为今天上海年轻上班族每日的超市早餐，代替了夹着油条的粢饭。

我们的饭团上世纪末开始像起了别人，连工具都是卷寿司的。随着进一步老城区拆除，传统的早点铺子越来越少。真怕有一天，属于上海人自己的粢饭、粢饭糕，只能在画册里想象了。

〉〉咬文嚼字一下"粢"。粢，多数情况下在古籍里都念 zī，意思是"谷子，子实去壳后为小米"，"古代祭祀用的粮食"，总之是"谷物"。念成 cī，是特地用来指"粢饭"的："某些地区指用蒸熟的糯米和粳米裹上油条等捏成的饭团。"至于"粢饭糕"，更上海更小众，词典里基本不收。

爸爸，我要两勺糖

浣溪
HR，著有《米饭情书》

KFC出油条了，洋快餐做起了中国早餐，味道一样吗？哪怕是同根，永和大王做的台湾饭团也不是我们打小吃到的味道。很多人爱吃台湾饭团，料是多了，口感是丰富了，但我似乎总还更怀念小时候吃的上海粢饭团。

上海早点摊有两种叫"粢饭"的食物，一是粢饭团，另一个就是金黄颜色、脆壳软心的粢饭糕。可惜我不怎么爱吃粢饭糕。虽然炸制的食物很香，可惜总觉得香有余味不足，全然没有粢饭团咸甜相间的味道来得丰富。我瞎想，这大概也是粢饭团能入上海人早餐"四大金刚"之一的原因吧！

传统的粢饭团朴实无华，原料只有三样：糯米饭、油条和白砂糖。小贩把蒸好的糯米饭装在木桶里保温。油条是做饭团的好材料。糖一定是用粗颗粒的白砂糖，倒不只是因为相比绵白糖，它要便宜许多。更重要的是，当它被热热的饭包裹住的时候，不会迅速地被糯米饭散发出的热气溶解、吸收，吃的时候才能咬出咯吱咯吱的颗粒感，好特别。

我是个对食物有些洁癖的人，所以甚少吃路边摊，常常站在路边看小贩们炸油条、捏饭团，却更喜欢跟着爸爸妈妈亲手做粢饭团。妈妈会提前将糯米泡一个晚上，第二天一早，平铺在包了白纱布的笼屉上大火蒸熟，刚蒸好的糯米又黏又软糯。爸爸会把买来的油条一根根地串在筷子上拎回家。洗了手，拿块热毛巾，取一团饭，稍稍压压平，撒一把砂糖，然后把半根油条不规则地折折叠叠塞到中间，迅速地用手裹着毛巾捏成团。一定要压压紧，不然，一吃就裂一个大口子。其实裂了也没事，再捏捏，成个团就行了！

当越来越多的人搬离了弄堂，当越来越多的小吃摊搬进了店堂，很多传统的味道也随之慢慢地消失，但作为"80后"、"85前"，我可能还算幸运，至少见过那些传统的人与人的温情，尝过那些传统的食物的朴实美味。我钟爱的上海粢饭团和台湾饭团比起来可能是过于"简陋"了，但也只有这样的食物，才能更让人惦念。

长大了，却好想回到小朋友的时候，眨巴着眼睛，看爸爸捏饭团——

"爸爸，爸爸，我要两勺糖！还有还有，我要一整根油条，好不好呀？"

觅食推荐

这两样食物，来自最底层的民间，所以要走进上海人的日常生活里去找。没有太明显的高下之分，碰到了吃到了就应该满足。

粢饭：如果你发现有家早点铺子在现烘烧饼、炸油条，恰好又有一个大木桶摆在边上，恭喜你，你找到正宗的上海粢饭了。例如太原路靠近建国西路，就有一家卖粢饭的。如果很不幸，你触目所及都是高楼林立，找不到小作坊赖以生存的矮平房，那么还可以早晨去上海的菜市场周边转转，碰到粢饭的几率最高。例如海拉尔路菜场靠近梧州路，就有一家卖粢饭的。

粢饭糕：好吃正宗的上海粢饭糕，只在路边摊。它可能离你很近，就在你每天途经的某条街拐口。早上，它可能出现在卖油条和麻球的摊头油锅里。下午傍晚是它的好辰光，这时要捕捉的是油锅，路上小贩守着的油锅是最有可能出现粢饭糕的地方。例如云南路上靠近金陵路口就有一个大油锅，翻腾着炸猪排、臭豆腐、油墩子……还有粢饭糕。

○ 云南路口油炸摊头

No.22

奶油上海滩

别司忌与白脱小球

No.22 奶油上海滩
别司忌与白脱小球

上海到底有什么好吃的比外地城市出色呢？编辑过很多美食书的赵老师斩钉截铁地对我说："西点！外地城市做得没上海好。"果然，我去某直辖市排名第一的西饼屋买蛋糕，结果一口咬下即刻散成粉末，惊愕之余大半呛入气管，当街又咳又吐又哭。

还是，回到上海吃蛋糕。

道地上海特色的西点是混血，这种"创新"精神不独用于西点，任何外来标榜"正宗"的食物，到了上海都彻底改造。德大西餐社的柠檬派、静安面包房的别司忌、新雅饭店的奶油大布丁、哈尔滨食品厂的西番尼、可颂坊的羊角面包……无一不是华丽而荒腔走板的。

"申西结合"的典范有别司忌。别忌司不是饼干，而是面包片制成，加了黄油和糖，烘烤得干硬脆香，黄黄的，渗出甜蜜蜜的糖油霜。咬下去硬邦邦的，可是立刻就能觉出舌尖香浓融化的美妙来。一块接一块，不自觉地都吃掉了，手指上皆是浓郁的黄油味。

"申西结合"的另一经典是上海的短棍。法国师傅做的地道法式长棍，外皮硬，内里芳香而韧，掰成小块吃。上海人却叶公好龙，习惯软面包，很刻薄地说法式长棍能一棍子打死人。法式长棍被改良成"白脱小球"或"椒盐短棍"，外皮略硬，内心软韧得很，白脱味道重，富有弹性。一斤10只，个头小、数量多、分量足，很迎合上海人胃口小又不肯吃亏的实惠精神。在我家，短棍搭配牛奶吃。满满一塑料袋，早上吃晚上吃，出去春游带的还是它。在短棍出现前，春游带的只有长方形的枕头面包，油纸包着，干乎乎不新鲜，粗糙的碎屑落一地。

即便有些人终久学会了吃硬而韧的法式长棍，可平民哪里会买六七十元一条正宗法国长棍？正宗上海西点的第二个特点就是便宜可信。德大西点屋的桂圆蛋糕，这两年通货膨胀前只卖 2.5 元一个，即便今天，晚上打八折出售也很实惠。

有人说上海式西点口味传统、味道太重，甜腻到无耻，那是因为这些西点都跟着上海走过饥饿困难时期。这些店有固定的拥趸，融入上海人的生活习惯中，不会今日顾客盈门明日门可罗雀。那些走低档路线粗制滥造论斤卖的简陋连锁西点店，那些加盟经营的新时髦西饼屋，材料与口感不能满足真正爱吃会吃的人。

华山路依然是上海滩西点大战场，短短几步路，数家专营店聚在一起凑热闹。梧桐深处，前店后厂。走在静安宾馆里的花园草地上，面包香气袅袅飘来，隐约可见装面包蛋糕用的蓝色塑料框。至今每天下午，静安宾馆门口都有壮观的长队等着买低价处理的西点，有些人甚至中午 12 点便人肉占位了，严寒酷暑都不怕。余下的面包蛋糕边角料一大袋能吃好几天，相当实惠。排队的都是附近的上海居民，有拄着拐杖的老头，有已经驼背的老太，也有小青年甜甜蜜蜜夹在当中。这些人既欢喜实惠又讲究品质，生活是很爱的，嘴巴还是刁的。

老牌子上海西饼店用的都是上海营业员，他们不是普通的合同工，一辈子可能都会在此待着。上海营业员手脚麻利，态度不会特别亲切，仿佛已经在店堂里干了上千年般熟练而无谓。

上海老牌子的几家西点店，透着来自 20 世纪温暖而熟悉的色调，泛黄而浓香，有些东西的品质和历史保证，是需要这点朴素和锈迹斑斑的味道的。

可是——上海48小时内急速降温跌至零下9℃的那一年，TCL美食达人过来告诉我："静安面包房的特色短棍不见了！大多数品种换掉了！老板易主了！"这是他当时站在静安面包房华山路总店得到的最后答复。

遥相呼应的是，跑了好几家可颂坊，芝士条买不到了。不是那种软面包条上撒点芝士的面包店产品，而是整条口味浓郁的芝士条用半透明硫酸纸包裹成糖果样的。这周没见到，下周又没见到，终于被告知：再也买不到了。

一切消失得没有理由。

伤心的我们，谁又能知道伴随上海成长的味道何时泯灭。掌控上海味觉的不是我等贪吃分子。又或者我们是多虑的，这些店的年龄比我们还要大，只要它们活下来，王者依旧可以归来。

〉〉据上海的地方志记载：清咸丰三年（1853年），英国药剂师劳惠霖（J. Lewellyn）于花园弄（今南京东路）1号创办老德记药店，这家外商药店最早在上海经营西式糕点。英国人亨利·埃凡和他的儿子于清咸丰八年（1858年），在上海开办面包房，为了贴近上海市民，他们把面包房命名为"埃凡馒头店"。埃凡馒头店产销面包、啤酒、糖果、汽水，这是中国第一家生产啤酒的厂家："造啤酒，约于西历十月间为之，至十一、十二两月内预备出售。"（《新辑时务汇通》）

〉〉上海西点一直在全国排第一，西点到了上海后也为适应上海人的口味做了很多改变，百多年前就走上了fushion道路，创出了"海派西点"这一脉。今天，上海的西点烹饪培训班中，仍有老师以教"海派西点"为基础，甚至还有教材书。

下午三点，喷喷香的长队

Fanfanyang
设计师

永远记得高中时代的华山路，当然也记得华山路静安宾馆的面包房。

20年前我正在华山路某中学读书，不知从哪一天起，下午三点，面包出炉的香味顽强地飘散在那块区域。午饭已经被消耗得差不多的我们，坐在教室里，魂不守舍，老师在上面讲话已经听不到了，所有感官都被面包出炉的味道勾引过去。

等放了学，看到斜对面的静安面包房门口已经排起了长队，但是作为当年一个十几岁的少女，对马路上热烈排队购买东西非常麻木，并且没有与下午三点那一阵令人崩溃的喷香联系起来。一路走回家，常熟路在那时候是安静的。偶尔有15路电车开过，梧桐树一棵一棵数过去。我可以从长乐路打弯，也可以从延庆路打弯，最后选择在淮海路转弯，我家住在淮海中路的一条弄堂里。我的甜牙齿一早就被熏陶出来，淮海路靠近常熟路的地方有一家永隆食品店，柜台里的不怎么新鲜的糕点是我的甜点启蒙，我最喜欢一种清爽的嫩黄色的"白元蛋糕"。

预备吃晚饭的时候，我跟父母随口提起看到人排队。他们说，去买呀，马上布置了任务：要买最热门的品种。

第二天放学，我只好站在那个队伍里，还要躲闪着别给同学看到，否则会被笑话的呀。

我问前面后面的阿姨妈妈："阿姨买点啥啦，这里最好吃是啥？"她们七嘴八舌推荐了"白脱小球"。队伍好长，到路口都转弯了。我排了20分钟买到手，还是温的一个塑料袋，里面热乎乎的面包球哦，胖圆可爱。我马上捏着其中一只咬下去，比想象的略略失望一点。后来我读到某女作家在旧上海的生活随笔，说面包出炉的香气比真实吃到嘴里的更诱人，深以为是啊。

当年我走进那个店堂，觉得又温暖又华丽。面包柜台周边是西点柜台，我发现其实奶油西点才是最好吃的，排队的阿姨们纯粹从持家出发，推荐白脱小球或者切片面包给我。

在那个静安面包房我重逢了熟悉的别司忌,用剩面包片加工,脆香甜蜜;也遇到了新宠可爱甜点,拿破仑!一层层的酥皮奶油点心,碎碎掉着屑,小心地吃。没有见过比这更麻烦的小西点了,却是甜蜜的麻烦。如今外资连锁的面包房,好是也有好的,再也没有别司忌、拿破仑此类西点存在,所以不是上海本土的面包房。

觅食推荐

静安面包房
地址:静安区华山路370号

　　1987年,端庄肃穆的静安宾馆破墙开店,华山路的静安面包房就开始了永远的排队,限量购买。最疯狂的时候,排到华山医院门口,有人专门雇人排队,要排两个钟头。那时的风光,今天已经渐渐平息,不用排队也能买到面包西点。静安面包房的性价比很高,白脱小球、法式长棍长盛不衰。别司忌更是占满一货架,分白脱和香葱两种口味,另有缩小尺寸的可爱迷你版别司忌。

哈尔滨食品厂
地址:黄浦区淮海中路613号

　　完全没有哈尔滨食物风味的上海老字号食品店,糖果糕点很出名。要买得趁早,早上货色琳琅满目,满坑满谷。哈氏有着20年前国营食品店的环境风格,根本不像西饼屋。这里的杏仁排、西番尼、蛋黄条等都很出名,用料很有困难时期上海风格,多数很甜腻。另外,门口还有现烤现卖的鲜肉月饼。

○ 静安面包房的长队

附录：路过觅个食

蟹

王宝和大酒店

地址：黄浦区九江路 555 号 / 福州路 603 号

交通：地铁 2 号线南京东路站；公交 14 路南京东路站；公交 20 路福建中路站；公交 167 路九江路浙江中路站

新光酒家方亮蟹宴

地址：长宁区虹桥路 1591 号虹桥迎宾馆 7 号楼（近水城南路）

交通：地铁 10 号线水城路站；公交 911 路（区间）虹桥路水城路站；公交 57 路虹桥路水城路站

白斩鸡

小绍兴

地址：黄浦区云南南路 69-75 号（近宁海东路）

交通：地铁 8 号线大世界站；公交 42 路淮海东路站；公交 17 路金陵东路浙江南路站；公交 26 路金陵东路浙江南路站

章氏

地址：虹口区唐山路 216 号（近高阳路）

交通：公交 6 路周家嘴路高阳路站；公交 19 路唐山路高阳路站

八宝鸭

上海老饭店

地址：黄浦区福佑路 242 号豫园（近旧校场路）

交通：地铁 10 号线豫园路站；公交 55 路新开河站

水晶虾仁

静安宾馆

地址：静安区华山路 370 号（近常熟路）

交通：地铁 2 号线静安寺站；地铁 7 号线静安寺站；公交 15 路常熟路华山路站；公交 71 路延安西路华山路站

新雅粤菜馆

地址：黄浦区南京东路 719 号（近贵州路）

交通：地铁 2 号线南京东路站；公交 14 路湖北路南京东路站

肠血油豆腐线粉汤

胖胖大肠粉丝油豆腐汤摊头

地址：虹口区临平路天宝路口弄堂内

(下午1点到晚上1点营业)

交通：地铁4号线临平路站；公交751路临平路张家巷站；公交47路临平路张家巷路站

妯娌老鸭粉丝汤（本店）
地址：虹口区武昌路579号（近七浦路服装市场）

交通：地铁10号线天潼路站；公交220路四川北路武昌路站；公交17路河南北路海宁路站

上海西餐
凯司令
地址：黄浦区南京西路1001号三楼（近茂名北路）

交通：地铁2号线南京西路站；公交37路南京西路石门一路站；

德大西菜社
地址：黄浦区云南南路2号（近延安东路）

交通：地铁8号线大世界站；公交71路延安中路西藏中路站

小笼包
富春小笼

地址：静安区愚园路650号（近镇宁路）

交通：地铁2号线江苏路站；公交20路愚园路镇宁路站；公交939路愚园路镇宁路站；公交921路愚园路镇宁路站

德笼馆
地址：黄浦区江西中路473号（近南苏州路）

交通：地铁10号线天潼路站；公交17路江西中路汉口路站；公交220路四川中路香港路站

生煎
大壶春
地址：黄浦区云南南路71号（近金陵东路）

交通：公交17路金陵东路浙江南路站；公交26路金陵东路浙江南路站

东泰祥生煎馒头馆
地址：黄浦区陕西南路309号（近建国西路）

交通：公交17路陕西南路建国西路站；公交41路陕西南路建国西路站

锅贴
北万新
地址：黄浦区瑞金二路111号（近复兴中路）

交通：公交 96 路复兴中路瑞金二路站；公交 17 路复兴中路瑞金二路站

伊斯兰餐厅
地址：虹口区四川北路 2035 号（近山阴路）
交通：公交 21 路甜爱路四川北路站；公交 47 路四川北路山阴路站；18 路鲁迅公园站

鲜奶小方
红宝石
地址：静安区华山路 375 号（近常熟路，静安宾馆对面）
交通：地铁 2 号线静安寺站；地铁 7 号线静安寺站；公交 15 路常熟路华山路站；公交 71 路延安西路华山路站

鲜肉月饼
长春食品商店
地址：黄浦区淮海中路 615 号（近思南路）
交通：公交 42 路淮海中路思南路站；公交 26 路淮海中路思南路站

真老大房
地址：黄浦区南京东路 536 号（近福建中路）
交通：地铁 10 号线 /2 号线南京东路站；公交 14 路湖北路南京东路站

蟹壳黄
吴苑饼家
地址：静安区延平路 255 号（近康定路）
交通：公交 23 路武定路延平路站；地铁 7 号线昌平路站

实惠点心店
地址：普陀区曹杨路 520 号（沪西工人文化宫后门）
交通：地铁 3 号线 /4 号线 /11 号线曹杨路站；公交 923 路曹杨路白玉路站

青团
王家沙
地址：静安区南京西路 805 号（近石门一路）
交通：地铁 2 号线南京西路站；公交 41 路石门一路南京西路站

大富贵
地址：黄浦区中华路 1409 号（近复兴东路）
交通：地铁 10 号线 /3 号线老西门站；公交 64 路大东门站；公交 24 路豆市街复兴东路站

蝴蝶酥

国际饭店西饼屋
地址：黄浦区黄河路 28 号（近南京西路）
交通：地铁 1 号线 /2 号线 /8 号线人民广场站；公交 37 路九江路黄河路站

新亚大酒店
地址：虹口区天潼路 422 号（近四川北路）
交通：地铁 10 号线天潼路站；公交 220 路四川北路武昌路站

油爆虾
老正兴菜馆
地址：黄浦区福州路 556 号（近浙江中路）
交通：公交 123 路福州路山西南路站；公交 49 路福州路福建中路

红烧肉
圆苑酒家
地址：徐汇区兴国路 201 号（近泰安路）
交通：公交 926 路淮海中路武康路站；公交 911 路淮海中路武康路站

新吉士酒楼
地址：黄浦区太仓路 181 弄 2 号新天地北里 9 号楼
交通：地铁 1 号线黄陂南路站；公交 926 路淮海中路嵩山路站

炸猪排
新利查西餐馆
地址：徐汇区广元路 196 号甲（近天平路）
交通：地铁 10 号线交通大学站；公交 806 路天平路广元路站

老地方面馆
地址：徐汇区襄阳南路 233 号（近复兴中路）
交通：公交 926 路淮海中路陕西南路站；地铁 10 号线陕西南路站

小馄饨
万寿斋
地址：虹口区山阴路 123 号
交通：公交 21 路甜爱路四川北路站；公交 47 路四川北路山阴路站；18 路鲁迅公园站

汤圆
盛兴点心店
地址：卢湾区顺昌路 528 号（近永年路）
交通：公交 17 路顺昌路建国东路站；公交 109 路黄陂南路徐家汇路站；地铁 8 号线陆家浜路站

美新点心店
地址：静安区陕西北路 105 号（近威海路口）
交通：公交 127 路延安中路陕西北路站；公交 925B 路延安中路陕西北路站

四新食苑
地址：虹口区四川北路 1908 号（近多伦路）
交通：公交 21 路四川北路横浜桥站；公交 167 路横浜桥站；地铁 3 号线宝山路站

大肠面
大肠面
地址：黄浦区复兴中路 59 号（近东台路）
交通：地铁 8 号线老西门站；公交 864 路济南路复兴中路

心乐汤面馆
地址：虹口区武昌路 581 号（近江西北路）
交通：地铁 10 号线天潼路站；公交 220 路四川北路武昌路站；公交 17 路河南北路海宁路站

粢饭糕
云南路油炸物摊头
地址：云南中路金陵东路口

交通：公交 42 路淮海东路站；公交 17 路金陵东路浙江南路站；公交 26 路金陵东路浙江南路站

别司忌奶油小球
静安面包房（总店）
地址：华山路 370 号（近常熟路）
交通：地铁 2 号线静安寺站；地铁 7 号线静安寺站；公交 15 路常熟路华山路站；公交 71 路延安西路华山路站

图书在版编目(CIP)数据

舌尖上的上海：上海Local美食精华／指间沙著 —
上海：上海人民出版社，2012
 ISBN 978-7-208-10793-9

Ⅰ．①舌… Ⅱ．①指… Ⅲ．①餐厅-介绍-上海市
Ⅳ．①F719.3

中国版本图书馆CIP数据核字(2012)第119811号

出 品 人　邵　敏
责任编辑　邵　敏　方蔚楠
封面装帧　叶　珺
摄　　影　黄天然

舌尖上的上海：上海 Local 美食精华
指间沙 著

世纪出版集团
上海人民出版社出版
(200001　上海福建中路193号　www.ewen.cc)
中国图书进出口上海公司发行
（地址：上海市广中路88号　电话：36357888）
开本 850×1240 1/32　印张 5.5　字数 50,000
ISBN 978-7-208-10793-9/G·1520

www.ingramcontent.com/pod-product-compliance
Lightning Source LLC
Chambersburg PA
CBHW060837170426
43192CB00019BA/2802